LA CARRERA CONTRA LA MÁQUINA

LA CARRERA CONTRA LA MÁQUINA

Cómo la revolución digital está acelerando la
innovación, aumentando la productividad
y transformando irreversiblemente el empleo
y la economía

Erik Brynjolfsson
Andrew McAfee

Traducción de Julio Viñuela Díaz

Antoni Bosch editor

Antoni Bosch editor, S.A.
Manacor, 3 - 08023 Barcelona - España
Tel. (+34) 93 206 0730
info@antonibosch.com
www.antonibosch.com

Título original de la obra
Race Against the Machine
How the Digital Revolution is Accelerating Innovation,
Driving Productivity, and Irreversibly Transforming
Employment and the Economy

© 2011 Erik Brynjolfsson and Andrew McAfee
© 2013 de la edición en español: Antoni Bosch, editor, S.A.

ISBN: 978-84-940433-7-6
Depósito legal: B. 21323-2013
Diseño de la cubierta: Compañía
Maquetación: Enric Rújula
Corrección: Andreu Navarro
Impresión: Bookprint

Impreso en España
Printed in Spain

Contenido

A mis padres, Ari y Marguerite Brynjolfsson,
que siempre creyeron en mí.

A mi padre, David McAfee,
que me mostró que no hay nada mejor que un trabajo bien hecho.

1

Influencia de la tecnología sobre el empleo y la economía

De modo análogo, si, de igual manera, la lanzadera tejiera y
la púa tocara la lira sin una mano que las guiara, los jefes
no necesitarían subordinados.

Aristóteles

Este libro tiene por objeto explicar cómo las tecnologías de la información están afectando los empleos, las cualificaciones necesarias, los salarios y la economía. Para comprender por qué este es un tema vital, basta solo con examinar las recientes estadísticas sobre el crecimiento del empleo en Estados Unidos.

A finales del verano de 2011, la economía de Estados Unidos había alcanzado un punto en el que incluso las malas noticias parecían buenas. El Gobierno publicó un informe que indicaba que en julio se habían creado 117.000 puestos de trabajo. Como esto representaba una mejora sobre mayo y junio, meses en los que la cifra de empleos creados no llegó a 100.000, el informe fue bien recibido. Un titular en la edición del 6 de agosto del *New York Times* decía: "Estados Unidos informa de un crecimiento sólido del empleo".

Sin embargo, tras estas buenas noticias subyacía un problema espinoso. Los 117.000 puestos de trabajo no eran apenas suficientes para emplear al aumento de la población y menos todavía para volver a dar trabajo a los doce millones de norteamericanos, aproximadamente, que habían perdido sus empleos en la Gran Recesión de 2007-2008. La economista Laura D'Andrea Tyson estimaba que, aunque la creación de empleo se duplicara prácticamente, y alcanzara los 208.000 puestos de trabajo mensuales que se crearon en 2005, habría que esperar hasta 2023 para cerrar la brecha abierta por la recesión. Por otro lado, la creación de empleo al nivel observado durante julio de 2011, solo garantizaría que un porcentaje decreciente de estadounidenses tuvieran empleo estable, y en septiembre el Gobierno norteamericano informó de que en el mes de agosto no había habido ningún aumento neto del empleo.

De todas las malas estadísticas y noticias que han acompañado la Gran Recesión y la posterior recuperación, las relativas al empleo fueron las peores. Es cierto que las recesiones siempre aumentan el desempleo, pero entre mayo de 2007 y octubre de 2009, el paro aumentó en Estados Unidos en más de 5,7 puntos porcentuales, el mayor crecimiento en el periodo de la posguerra.

Una economía que no vuelve a proporcionar empleos con rapidez

Un problema todavía más grave, sin embargo, era que los parados no podían encontrar trabajo incluso después de reanudarse el crecimiento económico. En julio de 2011, veinticinco meses después de que la recesión terminara oficialmente, la principal tasa de paro de Estados Unidos seguía siendo del 9,1%, menos de un punto porcentual mejor que en su peor momento. A mediados de 2011, el periodo medio de desempleo se había disparado a 39,9 semanas, casi el doble que el observado durante cualquier recuperación anterior del periodo de posguerra. Y la tasa de participación de la mano de obra, o proporción de adultos en edad de trabajar con empleo, cayó por debajo del 64%, un nivel no visto desde 1983, cuando el número de mujeres que todavía no habían entrado en la fuerza laboral era muy elevado.

Todo el mundo estaba de acuerdo en que esto era un problema grave. Paul Krugman, premio Nobel de Economía, describió el paro como una "plaga terrible"… una continua tragedia… ¿Cómo podemos esperar que prosperemos dentro de dos décadas cuando a millones de jóvenes graduados se les está negando la posibilidad de iniciar sus carreras?

Escribiendo en *The Atlantic*, Don Peck describió el paro crónico como una peste que corroe lentamente a las personas, las familias y, si se extiende mucho, al tejido social. En efecto, "la historia sugiere que quizá sea el mal más nocivo de la sociedad. … Es probable que esta era de elevado desempleo … deforme durante muchos años nuestra política, nuestra cultura y el carácter de nuestra sociedad". Su colega Megan McArdle pidió a sus lectores que se imaginaran personas que hubieran estado paradas durante largo tiempo: "Piensa en lo que le está sucediendo a millones de personas ahí fuera… cuyos ahorros y vínculos sociales han desaparecido (o nunca llegaron a ser muy grandes), que están en la cincuentena y no tienen suficiente edad para retirarse, pero que son muy difíciles de colocar con un empleo que les pague tanto como recibían en su antigua empresa. Piensa en las personas que no pueden sostener a sus hijos o a sí mismos. Piensa en su desesperación".

Muchos norteamericanos pensaron en esas personas. El 22% de los que contestaron a una encuesta de Gallup realizada en junio de 2011 identificaron el desempleo como el problema más importante al que se enfrentaba el país (además del 36% que identificó como problema principal la "economía en general".)

Las duras estadísticas de desempleo eran desconcertantes porque otras medidas de la salud empresarial se habían recuperado con mucha rapidez tras el fin oficial de la Gran Recesión en junio de 2009. El crecimiento del PIB promedió el 2,6% en los siete trimestres posteriores al final de la recesión, una tasa que suponía el 75% de la media durante el periodo 1948-2007. Los beneficios de las empresas de Estados Unidos alcanzaron nuevos récords. En 2010, la inversión en equipo y software volvió al 75% de su máximo histórico, la recuperación más rápida de la inversión en equipo en una generación.

La historia económica enseña que cuando las empresas crecen, obtienen beneficios y compran equipo, normalmente también contratan trabajadores. Sin embargo, las compañías norteamericanas no reanudaron la contratación tras finalizar la Gran Recesión. El volumen de despidos, por otro lado, volvió rápidamente a los niveles previos a la recesión, de forma que las firmas dejaron de desprenderse de trabajadores. Sin embargo, el número de nuevas contrataciones continuó siendo muy bajo. Las sociedades adquirieron maquinaria nueva, pero no contrataron nuevo personal.

¿Dónde se fueron los puestos de trabajo?

¿Por qué ha sido tan persistente la plaga del paro? Los analistas ofrecen tres explicaciones alternativas: carácter cíclico, estancamiento y *final del trabajo*.

La explicación cíclica sostiene que no está sucediendo nada nuevo o misterioso; el paro continúa siendo tan alto en Estados Unidos simplemente porque la economía no está creciendo con la suficiente rapidez para volver a crear empleo. Paul Krugman es uno de los principales defensores de esta explicación. Dice: "Todo indica que el alto desempleo de Estados Unidos es el resultado de una demanda inadecuada. Punto". El anterior director de la Oficina Presupuestaria y de Administración (Office of Management and the Budget), Peter Osrzag, está de acuerdo y agrega que "el impedimento fundamental para conseguir que los norteamericanos sin empleo vuelvan a trabajar es un débil crecimiento de la economía". Una caída especialmente fuerte de la demanda, como la ocurrida en la Gran Recesión, irá seguida necesariamente por una recuperación larga y lenta. En resumen, lo que Estados Unidos ha venido experimentando desde 2007 es otro caso más, aunque especialmente doloroso, del ciclo económico en acción.

Una segunda explicación de los difíciles momentos actuales

considera que la causa está en el estancamiento económico y no en factores cíclicos. En este contexto, estancamiento significa un declive a largo plazo de la capacidad de Estados Unidos para innovar y aumentar su productividad. El economista Tyler Cowen articula esta visión en un libro suyo publicado en 2010 que lleva por título *El gran estancamiento:*

> No estamos comprendiendo la razón de nuestro fracaso. Todos estos problemas tienen una única causa principal que ha recibido poca atención: hemos estado viviendo de los frutos fáciles de acceder durante al menos trescientos años... Sin embargo, durante los últimos cuarenta años, esos frutos comenzaron a desaparecer, aunque continuamos pensando que todavía seguían ahí. No hemos reconocido que estamos en un estancamiento tecnológico y los árboles están más esquilmados de sus frutos de lo que nos gustaría pensar. Eso es todo. Eso es lo que ha fallado.

En apoyo de esta opinión, Cowen cita la disminución de la renta mediana de las familias estadounidenses. La mediana está en la mitad del camino: En ella, el número de familias que ganan más es igual al de familias que ganan menos. El crecimiento de la renta mediana se desaceleró significativamente hace, al menos, treinta años y disminuyó realmente durante la primera década de este siglo; la familia media de Estados Unidos ganó menos en 2009 que en 1999. Cowen atribuye este descenso al hecho de que la economía está "tecnológicamente estancada".

En un artículo publicado en la *Harvard Business Review*, Leo Tilman y el premio Nobel de Economía Edmund Phelps estuvieron de acuerdo con la tesis del estancamiento: "El dinamismo de América –su capacidad y propensión para innovar– ha permitido la integración económica mediante la creación de numerosos puestos de trabajo. También ha causado una verdadera prosperidad –empleos y carreras estimulantes y atractivas ... (pero) el dinamismo ha ido disminuyendo durante las últimas décadas".

La tesis del estancamiento no ignora la Gran Recesión, pero

tampoco cree que sea la causa principal de la lenta recuperación actual y del elevado desempleo. Estos problemas tienen un origen más fundamental: una desaceleración en el ritmo de aparición de nuevas ideas potentes, de las ideas que impulsan el crecimiento económico.

Esta desaceleración es anterior a la Gran Recesión. En realidad, en *El gran estancamiento*, Cowen sostuvo que venía ocurriendo desde los años setenta del pasado siglo, cuando se frenó el crecimiento de la productividad de Estados Unidos y la renta mediana de las familias norteamericanas dejó de subir tan rápidamente como en el pasado. Cowen, Phelps y otros partidarios de la tesis del estancamiento mantienen que solo con tasas más altas de innovación y de progreso técnico la economía norteamericana saldrá de su abatimiento actual.

Una variante de esta explicación es, no que Estados Unidos se haya estancado, sino que otras naciones, como China e India, han comenzado a reducir su retraso. En una economía globalizada, las empresas y los trabajadores norteamericanos no pueden obtener beneficios si no tienen una mayor productividad que sus competidores en otras naciones. La tecnología ha eliminado muchas barreras levantadas por la geografía y la ignorancia que anteriormente impedían a los trabajadores y a los capitalistas encontrar los *inputs* y productos más baratos en cualquier lugar del mundo. El resultado ha sido una gran igualación de los precios de los factores, como los salarios, aumentando los salarios en los países en desarrollo y forzando al trabajador estadounidense a competir en condiciones más difíciles. El premio Nobel Michael Spence ha analizado este fenómeno y sus efectos sobre la convergencia en los niveles de vida.

La tercera explicación de los actuales problemas de creación de empleo de Estados Unidos invierte la tesis del estancamiento. No cree que haya habido, recientemente, demasiado poco progreso tecnológico, sino justo lo contrario, demasiado progreso. Lo llamaremos la tesis del *final del trabajo* por el libro de 1995 del mismo título de Jeremy Rifkin. En dicho libro el autor presenta una hipótesis audaz e inquietante: "Estamos entrando en una nueva fase de la historia mundial en la que se necesitarán cada vez menos trabajadores para producir los bienes y servicios que precisa la población mundial". Los ordenadores causaron este importante cambio. "En los próximos años –escribió Rifkin–, tecnologías de computación más sofisticadas van a aproximarnos cada vez más a un mundo sin casi trabajadores... Hoy, todos... los sectores de la economía... están experimentando cambios tecnológicos y forzando a millones de personas al paro. Enfrentarse a este cambio –escribió–, iba a ser el problema social más apremiante del siguiente siglo."

El argumento del final del trabajo ha sido utilizado, entre otros, por el economista John Maynard Keynes, el teórico de la gestión Peter Drucker y el premio Nobel Wassily Leontief, que en 1983 afirmó "El papel de las personas como el factor de producción más importante está destinado a disminuir de la misma forma que el de los caballos en la producción agrícola disminuyó primero y fue eliminado después por los tractores". En su libro de 2009, *The Lights in the Tunnel*, Martin Ford, ejecutivo de un empresa de software, coincidió con ellos y afirmó que "en algún momento futuro, que podría distar de hoy muchos años o décadas, las máquinas podrán hacer el trabajo 'de nivel medio' que realiza un elevado porcentaje de personas y estas personas no podrán encontrar nuevos empleos". Brian Arthur mantiene que ya existe una amplia, pero en gran medida invisible, segunda economía en la forma de automatización digital.

La tesis del final del trabajo es intuitivamente atractiva; cada vez que sacamos dinero de un cajero automático en lugar de utilizar al empleado del banco, o usamos un terminal automático para obtener la tarjeta de embarque de nuestro vuelo, tenemos evidencia de que la tecnología desplaza al trabajo humano. Sin embargo, los bajos niveles de paro de los Estados Unidos durante la década de los ochenta, los noventa y los primeros siete años del nuevo milenio ayudaron a reducir los temores de este cambio hasta tal punto que este no ha estado presente en los temas de discusión de la actual recuperación del empleo. Por ejemplo, un informe de 2010 publicado por el Banco de la Reserva Federal de Richmond,

17

titulado "El aumento del paro a largo plazo: Causas potenciales y consecuencias" no contiene en el texto las palabras *ordenador, hardware, software* o *tecnología*. El redactor sobre temas tecnológicos en la revista digital *Slate* lo resumió de la siguiente forma: "La mayoría de los economistas no se están tomando estas preocupaciones muy en serio. La idea de que los ordenadores pudieran perturbar de manera importante el funcionamiento de los mercados de trabajo y, de esa forma, debilitar aún más la economía mundial, continúa teniendo de momento una importancia marginal".

Nuestro objetivo es introducir la tecnología en el debate

Creemos que es el momento de sacar esta idea de la situación de marginalidad y prestar más atención al impacto de la tecnología sobre la formación profesional, los salarios y el empleo. Estamos, evidentemente, de acuerdo en que una Gran Recesión supone una larga recuperación y que la actual atonía de la demanda es en gran medida responsable de la falta de empleos existente. Sin embargo, la debilidad cíclica de la demanda no es toda la historia. Los defensores de la tesis del estancamiento tienen razón cuando dicen que también están operando tendencias más profundas y duraderas. La Gran Recesión las ha hecho más visibles, pero han estado actuando desde hace algún tiempo.

Los partidarios de la tesis del estancamiento también tienen razón cuando señalan que la renta mediana y otras medidas importantes de la salud económica de Estados Unidos dejaron de crecer vigorosamente hace algún tiempo, pero discrepamos con ellos sobre las razones por las que ha sucedido. Ellos piensan que es porque el ritmo de innovación tecnológica se ha desacelerado. Nosotros creemos que es porque ese ritmo se ha acelerado tanto que ha dejado atrás a un montón de gente. En resumen, muchos trabajadores están perdiendo la carrera contra la máquina.

Y no solo los trabajadores. El progreso tecnológico –en particular, las mejoras en los equipos de computación, en los programas operativos, y en las redes– ha sido tan rápido y sorprendente que muchas organizaciones, instituciones, políticas y mentalidades no están siguiendo su ritmo de avance. Mirado a través de este prisma, el aumento en la globalización no es una explicación alternativa, sino, más bien, una de las consecuencias del mayor poder y ubicuidad de la tecnología.

Así pues, coincidimos con los muchos que defienden la tesis del final del trabajo en que la computarización está provocando cambios profundos, pero no somos tan pesimistas como ellos. No creemos en la próxima obsolescencia de toda la mano de obra. En realidad, algunas cualificaciones son más valiosas que nunca, incluso en una época de tecnologías digitales increíblemente potentes y capaces; pero otras se han devaluado completamente y las personas que poseen las que no tocan encuentran ahora que tienen poco que ofrecer a los empresarios. Están perdiendo la carrera contra la máquina, un hecho que se refleja en las actuales estadísticas de empleo.

Escribimos este libro porque creemos que las tecnologías digitales son una de las fuerzas motrices más importantes de la economía actual. Están transformando el mundo del trabajo y son los principales factores impulsores de la productividad y del crecimiento. Sin embargo, su impacto sobre el empleo no se entiende bien y, en consecuencia, no se aprecia plenamente. Cuando la gente habla de puestos de trabajo en los Estados Unidos de hoy en día, hablan de su carácter cíclico, de externalización y deslocalización, de impuestos y regulaciones y de la bondad y eficacia de diferentes tipos de estímulos. No dudamos de la importancia de todos estos factores, ya que la economía es compleja y polifacética.

Sin embargo, se ha hablado relativamente poco del papel de la aceleración tecnológica. Puede parecer paradójico que un progreso más rápido pueda perjudicar los salarios y los empleos de millones de personas, pero mantenemos que eso es lo que ha estado sucediendo. Como veremos más adelante, los ordenadores hacen ahora muchas cosas que solían pertenecer exclusivamente al campo de acción de las personas. El ritmo y alcance de esta intrusión en las cualificaciones humanas es relativamente reciente y tiene consecuencias económicas profundas. Quizá la más importante es que, aunque el progreso digital aumenta el pastel económico global (el tamaño de la producción mundial), puede hacerlo dejando a algunas personas, incluso a muchas, en peor situación que antes.

Los ordenadores (equipos, programas y redes) serán más potentes y capaces en el futuro y tendrán, por tanto, un impacto cada vez mayor sobre los empleos, las cualificaciones necesarias y la economía. El origen de nuestros problemas no es que estemos en una Gran Recesión o en un Gran Estancamiento, sino más bien en las primeras etapas de una Gran Reestructuración. Nuestras tecnologías están avanzando rápidamente, pero muchas de las cualificaciones y organizaciones necesarias se han quedado rezagadas. Por tanto, es urgente que comprendamos estos fenómenos, discutamos sus consecuencias y encontremos estrategias que permitan a los trabajadores correr por delante de las máquinas en lugar de ir tras ellas.

A lo largo del resto del libro procederemos de la manera siguiente:

La humanidad y la tecnología en la segunda mitad del tablero de ajedrez

¿Por qué están los ordenadores corriendo ahora por delante de los trabajadores? ¿Y qué puede hacerse, en su caso, sobre el asunto? El capítulo 2 examina la tecnología digital, da ejemplos de lo asombrosos que han sido los desarrollos recientes y muestra cómo han afectado a ideas arraigadas sobre para qué son y no son buenos los ordenadores. Mas aún, el progreso que estamos viviendo augura avances todavía mayores en los próximos años. Vamos a explicar las causas de este progreso y también sus limitaciones.

Creación destructiva: La economía de la aceleración del desarrollo tecnológico y de la desaparición de los puestos de trabajo

El capítulo 3 explora las consecuencias económicas de estos rápidos avances tecnológicos y los crecientes desequilibrios que crean entre ganadores y perdedores. Se concentra en tres teorías que explican cómo este progreso puede dejar desfasados a algunos, aunque beneficien a la sociedad en su conjunto. Existen divergencias entre los trabajadores más cualificados y los menos cualificados, entre los mejores y todos los demás y entre el capital y el trabajo. Vamos a evidenciar que estas tres divergencias están ocurriendo.

¿Qué debe hacerse? Prescripciones y recomendaciones

Una vez aclaradas las tendencias de la tecnología y sus principios económicos, el capítulo 4 considera lo que puede y debiera hacerse para afrontar los retos que plantean un elevado desempleo y las restantes consecuencias negativas de nuestra carrera contra las máquinas. No podemos ganar esa carrera, especialmente si los ordenadores continúan haciéndose más potentes y capaces. Sin embargo, podemos aprender a mejorar la carrera *con* las máquinas, usándolas como aliados y no como adversarios. Discutiremos formas de poner en práctica este principio concentrándonos en cómo acelerar la innovación organizativa y aumentar el capital humano.

Conclusión: La frontera digital

Concluiremos el capítulo 5 con una nota optimista. Esto podría parecer extraño en un libro sobre empleos y economía escrito durante un tiempo de paro elevado, salarios estancados y crecimiento anémico del PIB. Sin embargo, este es, fundamentalmente, un libro sobre tecnología digital y, cuando miramos al impacto total de los ordenadores y de las redes, ahora y en el futuro, somos realmente muy optimistas. Estos instrumentos están mejorando considerablemente nuestro mundo y nuestras vidas y continuarán haciéndolo. Somos unos optimistas digitales convencidos y queremos convencerle de que sea uno de los nuestros.

2

La humanidad y la tecnología en la segunda mitad del tablero de ajedrez

Toda tecnología suficientemente avanzada es indistinguible de la magia.

Arthur C. Clarke, 1962

Solíamos estar bastante seguros de nuestros conocimientos sobre las fortalezas y debilidades de los ordenadores en comparación con los seres humanos; pero aquellos han comenzado a hacer incursiones en ciertas áreas imprevistas y ello nos ayuda a comprender mejor las turbulencias acontecidas en los últimos años y el verdadero impacto de las tecnologías digitales sobre los empleos.

Una buena ilustración de cuantos avances tecnológicos recientes nos han cogido por sorpresa se obtiene comparando un libro cuidadosamente investigado y publicado en 2004 con un anuncio hecho en 2010. El libro es *La nueva división del trabajo* (*The New Division of Labor*) y fue escrito por los economistas Frank Levy y Richard Murmane. Como su título sugiere, es una descripción de las capacidades comparativas de los ordenadores y de los trabajadores.

En el segundo capítulo del libro, "Por qué todavía importan las personas", los autores presentan un espectro de tareas de procesamiento de información crecientemente complejas. En un extremo se sitúan aplicaciones simples de reglas existentes. Estas tareas, como operar aritméticamente, pueden automatizarse fácilmente. Después de todo, los ordenadores son buenos siguiendo reglas.

En el otro extremo del espectro de la complejidad se encuentran tareas de reconocimiento y diseño para las que no pueden inferirse las reglas. *The New Division of Labor* presenta conducir con tráfico como un ejemplo de este tipo de tareas y afirma que no es automatizable:

> El... conductor del camión está procesando un flujo constante de información (visual, auditiva y táctil) procedente de su entorno... Programar este comportamiento podría comenzar con una cámara de vídeo y otros sensores para capturar los *inputs* sensoriales. Sin embargo, realizar un giro a la izquierda con tráfico de frente implica tantos factores que es difícil imaginar cómo descubrir el conjunto de reglas que permitan replicar el comportamiento del conductor.

> Articular el conocimiento (humano) e incorporarlo a un programa informático para todas las situaciones posibles, excepto las muy estructuradas, son todavía tareas enormemente difíciles... Los ordenadores no pueden sustituir fácilmente a las personas en empleos como el de conducir un camión.

Los resultados del primer DARPA Grand Challenge,[1] celebrado en 2004, apoyó la conclusión de Levy y Murnane. El reto fue construir un vehículo sin conductor que pudiera recorrer una ruta de 240 kilómetros por el despoblado desierto de Mohave. El vehículo *ganador* no pudo recorrer siquiera 13 kilómetros y hacerlo le llevó 8 horas.

---

[1] DARPA (Defense Advanced Research Pojects Agency –Agencia para la Realización de Proyectos de Investigación Avanzada en Materia de Defensa) realiza proyectos de conducción de un sitio a otro de Estados Unidos sin conductor y proporcionando solo información limitada de puntos intermedios del recorrido. (*NT*)

Sector tras sector, los ordenadores van ganando la carrera

Sin embargo, solo seis años después, la conducción en el mundo ha pasado de ser ejemplo de una tarea que no podía automatizarse a serlo de otra que sí puede. En octubre de 2010, Google anunció en su portal oficial que había modificado una flota de automóviles del modelo Toyota Prius hasta hacerlos completamente autónomos, que habían recorrido más de 1.600 kilómetros por carreteras norteamericanas sin ningún percance y más de 225.000 kilómetros con solo pequeñas indicaciones de la persona sentada tras el volante. (Para cumplir con las normas de circulación, Google pensó que debía tener una persona sentada permanentemente tras el volante.)

Levy y Murmane tenían razón cuando dijeron que la conducción automática de automóviles por carreteras pobladas era una tarea enormemente difícil y que no era fácil construir un ordenador que pudiera sustituir la percepción humana y equipararse al patrón de referencia en este sector. No es fácil, pero tampoco imposible, ya que, en gran medida, el reto ha sido superado.

Los tecnólogos de Google lo consiguieron, no tomando atajos para evitar los obstáculos, sino enfrentándose a ellos directamente. Utilizaron la asombrosa cantidad de datos utilizada por los programas Google Maps y Google Street View para proporcionar toda la información posible sobre las carreteras por las que habían de viajar sus automóviles. Sus vehículos recogieron también enormes cantidades de datos en tiempo real usando vídeos, radares y equipo LIDAR (*light detection and ranging* –detección y medición de distancias por infrarrojos–) montados sobre el automóvil; estos datos se introdujeron en programas que tomaban en consideración las normas de circulación, la presencia, la trayectoria y la probable identidad de los objetos situados en las proximidades, las condiciones para la conducción, etc. Estos programas controlan el vehículo y probablemente proporcionan mejor información, vigilancia y capacidad de reacción que las que pudiera tener cualquier conductor humano. El único accidente de los vehículos Google ocurrió cuando el coche sin conductor fue arrollado por detrás por un conductor humano al detenerse en un semáforo.

Nada de esto es fácil. Sin embargo, en un mundo con abundantes datos precisos, sensores poderosos y una capacidad masiva de almacenaje, *es* posible. Así es el mundo en el que vivimos ahora. Un mundo en el que los ordenadores mejoran tan rápidamente que sus capacidades pasan del reino de la ciencia ficción al de la realidad, no en el curso de una vida humana, o incluso en el periodo de una carrera profesional, sino tan solo en unos pocos años.

Levy y Murgane presentan la capacidad de *comunicación compleja* como otro ejemplo de una capacidad humana que es muy difícil de emular por las máquinas. La comunicación compleja significa conversar con un ser humano, especialmente en situaciones que son complicadas, emocionales o ambiguas. La evolución ha *programado* a las personas para hacerlo sin esfuerzo, pero ha sido muy difícil programar los ordenadores para hacer lo mismo. Por ejemplo, traducir de un lenguaje humano a otro ha sido durante mucho tiempo el objetivo de muchos investigadores en computación, pero el progreso ha sido lento porque tanto la gramática como el vocabulario son muy complicados y ambiguos.

En enero de 2011, sin embargo, la sociedad de servicios de traducción Lionbridge anunció GeoFuent a sus clientes, una tecnología desarrollada en asociación con IBM. GeoFluent toma las palabras escritas en un idioma, como puede ser un mensaje hablado en línea de un cliente que busca ayuda con un problema, y las traduce fiable e inmediatamente a otro idioma, como el que habla un representante de servicios al cliente en un país distinto.

GeoFluent se basa en un programa de traducción automática estadística desarrollado por el Centro de Investigación Thomas J. Watson de IBM. Este programa ha sido mejorado por las bibliotecas digitales de traducciones anteriores de Lionbridge. Esta *memoria de traducción* hace que GeoFluent sea más precisa, particularmente para los tipos de conversaciones que las grandes empresas de alta tecnología suelen mantener con sus clientes. Una de estas empresas contrastó la calidad de las traducciones automáticas realizadas por GeoFluent a partir de mensajes hablados en línea. Estos mensajes, que se referían a los productos o servicios de la empresa, fueron enviados por clientes que hablaban chino y español a empleados de habla inglesa. GeoFluent los tradujo instantáneamente y los contestó en el lenguaje nativo del receptor. Cuando finalizó la sesión oral, se preguntó a clientes y empleados si los mensajes traducidos automáticamente habían sido útiles Si eran lo bastante claros para permitir a la gente tomar decisiones a partir de ellos. El 90%, aproximadamente, convino que lo eran. En estos casos, la traducción automática fue lo bastante buena para que resultara útil en el mundo de la empresa.

El automóvil sin conductor de Google es un indicio de lo rápido que han aumentado recientemente las capacidades de reconocimiento de estructuras digitales. El GeoFluent de Lionbridge muestra cuánto se ha progresado en la capacidad de los ordenadores para realizar comunicaciones complejas. Otra tecnología compleja desarrollada en los laboratorios Watson de IBM, esta vez llamada Watson, muestra la potencia que puede tener la combinación de estas dos capacidades y la rapidez a la que han avanzado recientemente los ordenadores en campos que se consideraban exclusivamente humanos.

Watson es un superordenador diseñado para jugar al concurso popular *Jeopardy!* en el que se pregunta a los concursantes sobre una amplia variedad de temas que se conocen anticipadamente.[2] En muchos casos, estas preguntas se formulan en lenguajes figurados con algún tipo de juego de palabras. Puede ser difícil imaginarse exactamente cuál es la pregunta o cómo debiera construirse la respuesta. En resumen, jugar bien al *Jeopardy!* requiere tener capacidad de comunicación compleja.

La forma en la que juega Watson requiere, además, cantidades masivas de asociaciones. El superordenador ha sido cargado con cientos de millones de documentos digitales no relacionados, incluidas enciclopedias y otras obras de referencia, noticias de periódicos y la Biblia. Cuando recibe una pregunta, se pone a trabajar inmediatamente para imaginar lo que se le está preguntando (utilizando algoritmos especializados en comunicación compleja)

---

[2] Para ser precisos, a los concursantes se les muestran diferentes respuestas y deben hacer las preguntas que recibirían esas respuestas.

y pasa a continuación a consultar todos estos documentos para encontrar y asociar elementos diversos que den la respuesta. Watson trabaja con sorprendente rigor y velocidad, como Eric Brown, director de investigación de IBM, explicó en una entrevista:

> Comenzamos con una sola pista, la analizamos y pasamos después a una fase de generación de candidatos, en la que realmente se realizan varias búsquedas primarias diferentes, cada una de las cuales produce del orden de cincuenta resultados. Después, cada resultado puede producir varias respuestas posibles y, así, para cuando hemos generado todas nuestras respuestas posibles, podemos tener de trescientas a quinientas respuestas para la pista seguida.

> Todas esas respuestas posibles pueden procesarse entonces independiente y simultáneamente distribuyéndose entre sistemas analíticos que puntúan las respuestas. A continuación, se efectúan búsquedas adicionales para cada respuesta con el propósito de reunir más evidencias y a continuación se realizan análisis profundos de cada evidencia, de forma que cada respuesta posible podría generar veinte evidencias para apoyar esa respuesta,

> Toda esta evidencia puede analizarse independiente y simultáneamente, de forma que pueda distribuirse de nuevo. Ahora, se tiene una evidencia que ha sido analizada rigurosamente... y a continuación todos estos análisis producen puntuaciones que, finalmente, se agrupan, usando un proceso mecánico se ponderan las puntuaciones y se termina con una ordenación final de las respuestas posibles, así como una medida del grado de confianza de cada una de ellas. Este es el resultado final.

Lo que se obtiene finalmente es tan rápido y preciso que no puede ser igualado siquiera por los mejores jugadores humanos de *Jeopardy!* En febrero de 2011, Watson jugó un torneo televisado contra los dos mejores concursantes humanos en toda la historia del concurso. Tras dos concursos a lo largo de tres días, el ordenador acabó con el triple de dinero que su competidor de carne y hueso más próximo. Uno de ellos, Ken Jennings, reconoció que las tecnologías digitales habían dominado el concurso. Debajo de su respuesta escrita a la última pregunta añadió: "Yo, por mi parte, doy la bienvenida a los señores del ordenador".

La ley de Moore y la segunda mitad del tablero de ajedrez

¿De dónde vienen estos señores? ¿Cómo se convierte la ciencia ficción en realidad empresarial tan rápidamente? Para comprender este rápido progreso son esenciales dos conceptos. El primero, y más conocido, es la ley de Moore, que es consecuencia de una observación efectuada por Gordon Moore, cofundador de la empresa que fabrica los microprocesadores Intel. En un artículo de 1965, publicado en *Electronics Magazine,* Moore señaló que el número de transistores en un circuito integrado de coste mínimo se había estado duplicando cada doce meses y predijo que este mismo ritmo de mejora continuaría en el futuro. Cuando se comprobó que esto era así, nació la ley de Moore.

Modificaciones posteriores cambiaron el tiempo necesario para que ocurriera la duplicación; actualmente, el periodo generalmente aceptado es de dieciocho meses. Variaciones de la ley de Moore se han comprobado en el aumento de la capacidad del disco duro, la resolución de pantalla y el ancho de banda de red. En estos y en muchos otros casos de progreso digital, la duplicación ocurre de manera frecuente y precisa.

Parece también que los programas informáticos progresan al menos con la misma rapidez que los equipos de computación. El experto en ordenadores, Martin Grötschel analizó la velocidad con la que podía resolverse un problema típico de optimización con ordenadores a lo largo del periodo 1988-2003 y constató que el tiempo necesario resultó ser 43 millones de veces inferior al final del periodo que al principio, debido a dos factores: unos procesadores más rápidos y el uso de mejores algoritmos en los programas informáticos. Las velocidades de procesamiento contribuyeron a mejorar la rapidez en la obtención de la solución con un factor de 1000, pero estas ganancias se vieron eclipsadas por las que proporcionaron los algoritmos, que mejoraron la velocidad en unas 43.000 veces en el mismo periodo.

El segundo concepto relevante para comprender los recientes avances en la computación está relacionado estrechamente con la ley de Moore. Procede de una antigua historia sobre matemáticas que resultó relevante para la época actual gracias al innovador y futurista Ray Kutzweil. En una versión de la historia, el inventor del juego de ajedrez muestra su creación al gobernante de su país. El emperador queda tan encantado con el juego que permite al inventor fijar su propia recompensa. El hombre, que era inteligente, pide una cantidad de arroz a determinar de la siguiente manera: se coloca un grano de arroz en el primer cuadrado del tablero, dos en el segundo, cuatro en el tercero y así sucesivamente, de modo que cada cuadrado recibe el doble de granos que el anterior.

El emperador acepta, pensando que se trataba de una recompensa pequeña. Sin embargo, duplicando el número de granos en cada casilla se alcanzan unas cifras tremendamente grandes. El inventor acaba con $2^{64} - 1$ granos de arroz, un montón más alto que el monte Everest. En algunas versiones de la historia, el emperador se enfadó tanto por considerarse engañado que decapitó al inventor.

En su libro del año 2000, *The Age of Spiritual Machines: When Computers Exceed Human Intelligence*, Kurzweil señaló que el montón de arroz no era tan excepcional en la primera mitad del tablero:

> Después de treinta y dos cuadrados, el emperador había dado al inventor cuatro mil millones de granos de arroz, que es una cantidad razonable –con un volumen aproximado al de un gran campo–, pero ahí fue cuando el emperador comenzó a prestar atención.

> Sin embargo, llegados a este punto, el emperador todavía podía continuar siendo emperador y el inventor todavía podía

conservar su cabeza. Fue cuando se adentraron en la segunda mitad del tablero cuando uno de ellos tuvo problemas.

El objetivo de Kurzweil era mostrar que duplicar un número de forma repetida, lo cual constituye un crecimiento exponencial, resulta engañoso al principio porque en sus comienzos, un crecimiento exponencial se parece mucho a un crecimiento lineal típico. Cuando pasa el tiempo –y entramos en la segunda mitad del tablero– el crecimiento exponencial confunde nuestra intuición y nuestras predicciones. Se acelera y rebasa muchísimo el crecimiento lineal, de modo que produce montones de arroz del tamaño del Everest y unos ordenadores que pueden realizar tareas anteriormente imposibles.

Por tanto, ¿en qué momento de la historia del uso industrial de los ordenadores estamos? ¿Es ya la segunda mitad del tablero? Esta es, por supuesto, una cuestión imposible de responder con precisión, pero una estimación razonable produce una conclusión interesante. El *Bureau of Economic Analysis* de Estados Unidos consideró la "Tecnología de la Información" como una categoría de inversión empresarial en 1958; por consiguiente, usemos ese año como punto de partida y tomemos los los dieciocho meses habituales como el periodo de duplicación de la ley de Moore. Treinta y dos duplicaciones nos llevan, pues, al 2006 y a la segunda mitad del tablero. Avances como el coche autónomo de Google, el superordenador ganador del *Jeopardy!* de Watson y la traducción instantánea de alta calidad pueden considerarse los primeros ejemplos del tipo de innovaciones digitales que iremos viendo a medida que nos adentremos aún más en la segunda mitad, en la fase donde el crecimiento exponencial produce resultados que te dejan boquiabierto.

Informatizando la economía: El poder económico de las tecnologías polivalentes

Estos resultados se harán sentir en todas las tareas, empleos e industrias. La versatilidad es un rasgo crucial de las tecnologías polivalentes (*general purpose technologies* –GPT), un término que los economistas asignan a un grupo pequeño de innovaciones tecnológicas tan potentes que interrumpen y aceleran el curso normal del progreso económico. La máquina de vapor, la electricidad y el motor de combustión interna son ejemplos de GPT anteriores.

Es difícil sobrevalorar su importancia. Como señalan los economistas Timothy Brenasham y Manuel Trajtenberg:

> Verdaderas eras de progreso técnico y crecimiento económico parecen estar impulsadas por... las GPT, que se caracterizan por su uso generalizado (se utilizan como *inputs* en muchos sectores de la cadena de producción) y por su potencial intrínseco para lograr mejoras técnicas y "complementariedades innovadoras", lo que significa que la productividad de la I+D a lo largo de la cadena de producción aumenta como consecuencia de una innovación de tipo GPT. Así pues, una mejora que sea GPT se extenderá por toda la economía proporcionando ganancias generalizadas de productividad.

Las GPT, además, no solo van mejorando con el tiempo (algo completamente cierto en el caso de los ordenadores, como indica la ley de Moore), sino que también dan pie a innovaciones complementarias en los procesos, empresas e industrias que las usan. En resumen, generan una cascada de beneficios amplia y profunda.

Los ordenadores son las GPT de nuestra era, especialmente cuando se combinan en redes y se convierten en las llamadas "tecnologías de la información y de las comunicaciones" (*information and communications technology* –ICT). Los economistas Susanto Basu y John Fernald ilustran cómo estas GPT permiten cambiar la forma habitual de hacer negocios.

> La disponibilidad de unas GPT baratas permite a las empresas utilizar sus demás *inputs* en formas radicalmente distintas que aumentan la productividad. Al hacerlo, los ordenadores y equipos de telecomunicaciones baratos pueden promover

una sucesión continua de invenciones complementarias en los sectores industriales que usan ICT.

Nótese que las GPT no solo benefician a las industrias del sector. Los ordenadores, por ejemplo, aumentan la productividad no solo del sector de alta tecnología, sino también en todas las industrias que compran y usan equipos digitales. Incluso los sectores menos intensivos en alta tecnología, como la agricultura y la minería, se están gastando ahora miles de millones de dólares cada año para digitalizarse.

Obsérvese también la elección de las palabras por Basu y Fernald: los ordenadores y las redes ofrecerán a las empresas un conjunto de oportunidades *continuamente en expansión*. En otras palabras, la digitalización no es un proyecto aislado que proporciona beneficios una sola vez. Por el contrario, es un proceso permanente de destrucción creativa. Los innovadores utilizan tanto tecnologías nuevas como otras ya establecidas para hacer cambios profundos al nivel de tareas, empleos, procesos e incluso en la propia organización. Estos cambios se acumulan y alimentan entre sí de manera que las posibilidades que ofrecen se están ampliando constantemente.

Así ha sucedido durante todo el tiempo en el que las empresas han estado usando ordenadores, incluso cuando estábamos en la primera mitad del tablero de ajedrez. El ordenador personal, por ejemplo, democratizó la computación a principios de los años ochenta poniendo capacidad de procesamiento en manos de trabajadores dotados de una capacidad de adquirir conocimiento cada vez mayor. A mediados de los años noventa aparecieron dos importantes innovaciones: la red mundial World Wide Web y una serie de programas para su uso en gran escala por empresas comerciales, como los sistemas de planificación de recursos empresariales (*enterprise resource planning* –ERP) y de gestión de las relacione con los clientes (*customer relationship management* –CRM.) El primero proporcionó a las empresas la capacidad de abrir nuevos mercado y canales de venta y además puso a disposición del usuario un conocimiento del mundo mucho mayor del que nunca había sido posible anteriormente. El segundo permitió a las empresas rediseñar sus procesos, supervisar y controlar operaciones remotas y reunir y analizar cantidades enormes de datos.

Estos avances no expiran o desaparecen con el tiempo. Por el contrario, se combinan con otros anteriores o posteriores, se incorporan a ellos, y los beneficios que producen van en aumento. La Web, por ejemplo, se hizo mucho más útil cuando Google facilitó los procesos de búsqueda, y surgió una nueva ola de aplicaciones sociales, locales y móviles. Los sistemas CRM se han extendido a los teléfonos inteligentes de forma que los comerciales pueden permanecer conectados mientras viajan y las tabletas proporcionan gran parte de la funciones de los PC.

Las innovaciones que estamos comenzando a ver en la segunda mitad del tablero también se sumarán a este esfuerzo permanente de invención empresarial. En realidad, ya lo están haciendo. La oferta del GeoFluent de Lionbridge ha llevado la traducción instantánea por máquina a facilitar los servicios a clientes. IBM está trabajando con el Centro Médico de la Universidad de Columbia y la Facultad de Medicina de la Universidad de Maryland para adaptar Watson al diagnóstico médico y ha anunciado un acuerdo en este ámbito con Nuance, fabricante de programas de reconocimiento de voz. El parlamento de Nevada está preparando la normativa que se aplicará a los vehículos autónomos que circulen por las carreteras del estado. Evidentemente, estas son solo una muestra de las innumerables innovaciones, propiciadas por la tecnología de la información, que están transformando la fabricación, la distribución, el comercio al por menor, los medios de comunicación, las finanzas, el derecho, la medicina, la investigación, la administración de empresas, el marketing y casi todos los sectores económicos y las funciones empresariales.

Donde ganan todavía las personas (al menos por ahora)

Aunque los ordenadores están invadiendo un territorio, como el reconocimiento de estructuras avanzadas y la comunicación compleja, que solía estar ocupado solamente por las personas, por ahora estas todavía mantienen los puestos de dirección y control en cada una de estas áreas. Son doctores, por ejemplo, quienes efectúan los diagnósticos, conjugando sus conocimientos médicos acumulados a partir de su experiencia con los resultados de laboratorio y la descripción de los síntomas que hacen los pacientes, además de emplear aquellas estructuras subconscientes que llamamos "intuición", capaces de reconocer patrones de comportamiento ("parece como si este paciente nos estuviera ocultando algo"; "el tono de su piel y su nivel de energía no me dan buena impresión".) De modo similar, los mejores terapeutas, ejecutivos y vendedores sobresalen en su capacidad para empatizar y comunicarse con otros, y sus estrategias para recabar información e influir sobre los demás pueden ser asombrosamente complejas.

Sin embargo, también es cierto, como muestran los ejemplos de este capítulo, que cuanto más nos adentramos en la segunda mitad del tablero de ajedrez, más mejoran los ordenadores en estas dos habilidades. Un artículo de John Markoff en el *New York Times* de marzo de 2011 resaltaba la intensidad con que el sector de la abogacía estaba explotando las capacidades de reconocimiento de estructuras de los ordenadores, sector en el que, según una estimación, la sustitución del trabajo humano por el digital durante los proceso de búsqueda de datos podía permitir a un abogado hacer el trabajo de quinientos.

> En enero, por ejemplo, Blackstone Discovery de Palo Alto, California, ayudó a analizar un millón y medio de documentos por menos de 100.000 dólares… "Desde el punto de vista de la gestión de recursos humanos de tipo legal, significa que muchas personas que solían estar dedicadas a buscar y analizar documentos, ya no tienen que hacerlo", decía Bill Herr, quien, como abogado de una empresa química importante, solía llenar salas con abogados para que fueran leyendo documentos durante semanas enteras. "La gente se aburre, le da dolor de cabeza. Los ordenadores no".

Los ordenadores parecen ser buenos en sus nuevas ocupaciones ... Herr ... usó el programa informático e-discovery para volver a analizar el trabajo que los abogados de su empresa realizaron en los años ochenta y noventa y encontró que sus colegas humanos estuvieron solo en un 60% de su trabajo. "Piensa en la cantidad de dinero que se gastaron para acabar haciéndolo solo algo mejor que si hubieran lanzado una moneda", dijo.

En un artículo del *Los Angeles Times* del mismo mes, Alena Semuels subrayó que, a pesar de que cerrar una venta a menudo requiere una comunicación compleja, el sector del comercio al por menor se había automatizado rápidamente.

En un sector que emplea a casi uno de cada diez norteamericanos y ha sido durante mucho tiempo un generador fiable de empleos, parece que las empresas están vendiendo cada vez más producto con menos empleados... Asistentes virtuales están ocupando el lugar de los empleados en los servicios al cliente. Las máquinas de autoservicio están reduciendo la necesidad de empleados que despachan.

Las máquinas expendedoras ahora venden iPods, trajes de baño, monedas de oro, gafas de sol y maquinillas de afeitar; algunas dispensan incluso fármacos con receta y marihuana para usos medicinales a consumidores dispuestos a someterse a un escáner de su huella dactilar. Y los consumidores están encontrando la información que necesitan en máquinas con pantallas táctiles, en lugar de hablar con dependientes...

Las (máquinas) cuestan mucho menos que las tiendas tradicionales. Reflejan también el cambio que ha habido en los hábitos de compra de los consumidores. Las compras por Internet han supuesto que los norteamericanos se sientan cómodos con la idea de comprar toda clase de productos sin la ayuda de un vendedor.

Durante la Gran Recesión, casi una persona de cada doce que trabajaban como vendedores en Estados Unidos perdieron su empleo, lo cual aceleró una tendencia que había comenzado mucho antes. En 1995, por ejemplo, 2,08 personas estaban empleadas en "ventas y ocupaciones relacionadas" por cada millón de dólares de PIB real generado ese año. En 2002, último año del que se dispone de datos fidedignos, ese número había bajado a 1,79, lo cual supone una disminución de casi el 14%.

Si, como indican estos ejemplos, tanto el reconocimiento de estructuras como las comunicaciones complejas son ahora tan susceptibles de automatización, ¿son inmunes a este asalto algunas capacidades humanas? ¿Tienen las personas alguna ventaja comparativa sostenible a medida que nos adentramos aún más en la segunda mitad del tablero? En el terreno puramente físico, parece que, por ahora, la tenemos. Los robots humanoides son todavía bastante primitivos, tienen las facultades motoras finas deficientes y la mala costumbre de caerse por las escaleras. Por consiguiente, no parece que los jardineros y los camareros estén de momento en peligro de ser reemplazados por las máquinas.

Además, muchos trabajos físicos requieren una capacidad mental considerable. Tanto fontaneros como enfermeras dedican mucho tiempo a lo largo del día a reconocer estructuras y resolver problemas y estas últimas, además, mantienen un elevado grado de comunicación compleja con colegas y pacientes. La dificultad de automatizar sus trabajos nos recuerda una cita atribuida a un informe de la NASA de 1965 que defendía los vuelos especiales tripulados: "El hombre es el sistema de computación polivalente no lineal, de coste más bajo, con solo 150 libras de peso y que puede producirse en masa por trabajadores no especializados".

Incluso en el terreno del trabajo intelectual puro, es decir, en los empleos que no tienen un componente físico, existe un campo muy amplio que los ordenadores no han comenzado todavía a cubrir. Ray Kurzweil, en un libro publicado en 2005 y titulado *The Singularity is Near: When Humans transcend Biology,* predice que los futuros ordenadores "tendrán los poderes de reconocimiento e identificación, la capacidad de resolver problemas y la inteligencia moral y emocional del cerebro humano", pero hasta ahora solo se ha demostrado la primera de estas facultades. Los ordenadores, de momento, han demostrado ser grandes reconocedores de estructuras, pero deplorables para resolver problemas de tipo general; los superordenadores de IBM, por ejemplo, no pudieron asimilar lo que habían aprendido en el ajedrez y aplicarlo al *Jeopardy!* o a cualquier otro asunto hasta que fueron rediseñados, reprogramados y alimentados con datos diferentes por sus creadores humanos.

Además, con todo su poder y velocidad, las máquinas digitales de hoy han mostrado poca capacidad creativa. No pueden componer muy buenas canciones, escribir grandes novelas o generar nuevas ideas para crear nuevos negocios. Las aparentes excepciones que existen solo confirman la regla. Un bromista usó un generador en línea de resúmenes de artículos sobre computación para escribir un resumen de una ponencia que fue aceptada en una conferencia profesional (en realidad, los organizadores invitaron al autor a presidir un panel), pero el resumen era sencillamente una serie de términos técnicos relacionados, ligados con unas cuantas conjunciones, preposiciones y verbos.

De modo similar, los programas que generan automáticamente resúmenes de juegos de béisbol funcionan bien, pero ello se debe a que gran parte de los artículos sobre deportes contienen bastante frases hechas y se prestan, por tanto, a una comunicación más simple a base de clichés. Véase una muestra de un programa llamado StatsMonkey:

UNIVERSITY PARK. Un esfuerzo extraordinario de Willie Argo llevó a los Illini (los jugadores de la Universidad Illinois) a una victoria 11 a 5 sobre los Nittany Lions (Penn State University) el sábado en el estadio Medlar Field.

Argo logró dos carreras para Illinois. Iban 3-4 en el juego con cinco RBI (*runners batted in*) y dos carreras anotadas.

El titular de los de Ilinois, Will Strack, pasó por bastantes apuros y cedió cinco carreras en seis juegos, pero el pitcher suplente no cedió ninguna carrera y el ataque logró diecisiete aciertos para compensar la ventaja contraria y asegurar la victoria de los Illini.

La diferencia entre la generación automática de un texto elaborado de acuerdo con unas determinadas fórmulas y la intuición auténtica continúa siendo importante, como aclara la historia de un test de hace sesenta años. El matemático y pionero de la ciencia de los ordenadores Alan Turing consideró que la cuestión de si las máquinas podían pensar "era tan absurda que no merecía ser discutida", y sin embargo en 1950 propuso un test para determinar hasta qué punto una máquina podía parecerse a un hombre. El test de Turing requiere un grupo de personas que mantiene sendas conversaciones en línea con dos entidades, un humano y un ordenador. Si las personas no consiguen distinguir la persona de la máquina, esta pasa el test.

El propio Turing predijo que hacia el año 2000 los ordenadores serían indistinguibles de los humanos el 70% de las veces al someterlos a su prueba. Sin embargo, en el Premio Loebner, una competición anual que gira en torno al test de Turing y que se viene celebrando desde 1990, el premio de 25.000 dólares para el programa hablado que pueda persuadir de su humanidad a la mitad de los jueces, no se ha concedido todavía. Cualquiera que sea el nivel al que han llegado actualmente los ordenadores, todavía no son convincentemente humanos.

Sin embargo, como evidencian los ejemplos de este capítulo, los ordenadores están empezando a mostrar unas habilidades que solían pertenecer en exclusiva a los hombres. Esta tendencia se acelerará a medida que nos adentremos más en la segunda mitad del tablero de ajedrez. ¿Cuáles son las consecuencias económicas de este fenómeno? Prestamos atención a este asunto en el próximo capítulo.

3

Destrucción creativa:
La economía de la aceleración tecnológica y de la destrucción de empleos

Estamos sufriendo una nueva enfermedad cuyo nombre algunos lectores pueden no haber oído, pero de la que oirán hablar muchísimo en los próximos años; a saber, el paro tecnológico. Un paro debido a que el ritmo al que descubrimos formas de economizar en el uso del trabajo es superior al ritmo al que encontramos nuevos usos del mismo.

John Maynard Keynes, 1930.

Determinadas tecnologías y la aceleración tecnológica general discutidas en el capítulo 2 están creando valor en cantidades enormes. Es indudable que aumentan la productividad y, en consecuencia, nuestra riqueza colectiva. Sin embargo, el ordenador, como todas las tecnologías polivalentes, exige, al mismo tiempo, que se innove continuamente en los modelos empresariales, los procesos organizativos, las instituciones y las capacidades de los trabajadores. Estos activos intangibles, que incluyen el capital humano y organizativo, a menudo se ignoran en los balances de las empresas y en las estadísticas oficiales del PIB, pero no son menos esenciales que los equipos y los programas informáticos.

Y eso es un problema. Las tecnologías digitales cambian rápidamente, pero las organizaciones y las capacidades no evolucionan al mismo ritmo. En consecuencia, millones de personas se están quedando desfasadas. Sus ingresos y empleos se están destruyendo, lo cual las deja en peor situación en términos de poder adquisitivo absoluto que antes de la revolución digital. Aunque el fundamento de nuestro sistema económico presupone la existencia de un vínculo estrecho entre creación de valor y creación de empleo, la Gran Recesión revela que se está produciendo un debilitamiento o una ruptura de ese vínculo, que no se debe simplemente al ciclo económico, sino que es, más bien, un síntoma de un cambio estructural en la naturaleza de los procesos productivos. A medida que se acelera la tecnología en la segunda mitad del tablero de ajedrez, se aceleran también los desajustes económicos, minando nuestro contrato social y, en último término, perjudicando a todo el mundo, ricos y pobres, y no solo a las primeras oleadas de desempleados.

El análisis económico de la tecnología, la productividad y el empleo está sometido a crecientes debates que ponen en evidencia un buen número de paradojas. ¿Cómo pueden coexistir tanta creación de valor y tanta tragedia económica? ¿Cómo pueden acelerarse las tecnologías al tiempo que se estancan las rentas? Estas aparentes paradojas pueden resolverse combinando ciertos principios económicos bien conocidos con la observación de que hay un desajuste creciente entre unas tecnologías digitales que avanzan rápidamente y unos seres humanos que cambian lentamente.

Crecimiento de la productividad

Entre la plétora de estadísticas económicas existentes –paro, inflación, comercio, déficit presupuestario, oferta monetaria, etc.– hay una que es fundamental: el crecimiento de la productividad. Esta magnitud mide la cantidad obtenida de producto por unidad de factor empleado en su producción. En particular, la productividad del trabajo puede medirse como producción por trabajador o producción por hora trabajada. A largo plazo, el crecimiento de la productividad es casi lo único que importa para garantizar unos niveles de vida crecientes. Robert Solow ganó su premio Nobel por demostrar que el crecimiento económico no se debe a que las personas trabajen más, sino a que trabajan de manera más inteligente, lo cual significa que utilizan nuevas tecnologías y técnicas de producción para crear más valor sin aumentar las cantidades utilizadas de trabajo, capital y de otros recursos.

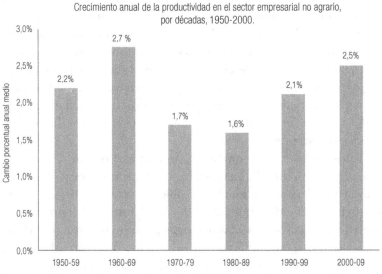

Crecimiento anual de la productividad en el sector empresarial no agrario, por décadas, 1950-2000.

Figura 3.1: El crecimiento de la productividad ha estado aumentando.
Fuente: Bureau of Labor Statistics.

Un crecimiento más rápido de la productividad en tan solo unos pocos puntos porcentuales puede dar lugar a grandes aumentos de la riqueza. Si la productividad del trabajo crece al 1%, como ocurrió durante la mayor parte del siglo XIX, se necesitan unos setenta años para que se dupliquen los niveles de vida. Sin embargo, si crece al 4% anual, como ocurrió en 2010, entonces los niveles de vida aumentan dieciséis veces en setenta años. Aunque un crecimiento del 4% es excepcional, la buena noticia es que la pasada década fue bastante buena para el crecimiento de la productividad del trabajo –la mejor desde los años sesenta del siglo pasado–. Un crecimiento medio anual superior al 2,5% es mucho mejor que los logrados en los años setenta y ochenta del siglo xx e incluso supera algo al de los años noventa (véase la figura 3.1.) Más aún, existe prácticamente un consenso entre los economistas sobre la causa del aumento de la productividad desde mediados de los años noventa: la tecnología de la información (TI.)

Aunque las estadísticas oficiales de productividad son aceptables, distan de ser perfectas, ya que no toman muy bien en consideración los cambios de calidad, variedad, oportunidad, servicio al cliente u otros aspectos de los productos que son difíciles de medir. Aunque los quintales de trigo y las toneladas de acero son relativamente fáciles de contar, la calidad de la instrucción que imparte un maestro, el valor de poder elegir entre un número mayor de cereales en el supermercado o la capacidad de sacar dinero de un cajero automático veinticuatro horas al día son más difíciles de valorar.

Estos problemas de medida se ven agravados por el hecho de que algunos bienes digitales gratuitos como Facebook, Wikipedia y YouTube son esencialmente invisibles para las estadísticas de productividad. A medida que Internet y la telefonía móvil prestan más servicios y más baratos y las personas pasan mayor número de sus horas de vigilia consumiéndolos, esta fuente de errores de medida se hace cada vez más grave. Además, la mayoría de los servicios que presta el Gobierno están valorados simplemente al precio de coste, lo cual equivale a suponer un crecimiento cero de la productividad para todo este sector, aunque esta vaya aumentando a un ritmo comparable al del resto de la economía.

Una última fuente de error de medida se encuentra en la asistencia sanitaria, que es una parcela de la economía particularmente importante. La productividad en la asistencia sanitaria se mide mal y, a menudo, se supone que permanece estancada. Sin embargo, los estadounidenses, en promedio, viven casi diez años más hoy que en 1960. Esto posee un enorme valor, pero no se tiene en cuenta en nuestros datos de productividad. Según el economista William Nordhaus, "como primera aproximación, el valor económico de los aumentos en la longevidad que se han producido a lo largo del siglo XX es casi tan grande como el aumento de valor de los bienes y servicios no sanitarios".

En épocas anteriores también hubo mejoras de la calidad que no se midieron, como el mayor bienestar que produjeron los teléfonos o la reducción de la morbilidad gracias a los antibióticos. Por otro lado, hay situaciones en las que las estadísticas de productividad sobrestiman el crecimiento, como, por ejemplo, cuando no se tiene en cuenta la mayor contaminación o cuando el aumento de la delincuencia comporta que la gente gaste más dinero en su protección. Pero en conjunto, es probable que los datos de productividad subestimen las mejoras de los niveles de vida que se producen a lo largo del tiempo.

Estancamiento de la renta mediana

En contraste con la productividad del trabajo, la mediana de la renta familiar solo ha subido lentamente en Estados Unidos desde los años setenta (figura 3.2) una vez tenidos en cuenta los efectos de la inflación. Como se discutió en el capítulo 1, Tyler Cowen y otros apuntan a este hecho como evidencia del estancamiento del conjunto de la economía.

De alguna manera, Cowen se queda corto. Si miramos de cerca la década pasada centrándonos en las familias en edad de trabajar, la renta mediana real ha caído realmente de 60.746 dólares a 55.821. Es la primera década en la que se aprecia un descenso desde que comenzaron a elaborarse estos datos. El valor neto mediano también disminuyó esa última década cuando se ajusta por la inflación, lo que es otra novedad.

Sin embargo, simultáneamente, el PIB por persona ha continuado creciendo de manera bastante uniforme (excepto durante las recesiones.) El contraste con la renta mediana es sorprendente (figura 3.3.)

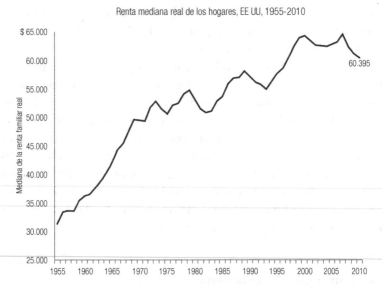

Figura 3.2: La mediana de la renta familiar real se ha estancado.
Fuente: Bureau of Labor Statistics.

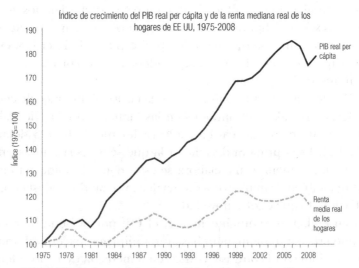

Figura 3.3: El PIB real per cápita ha crecido a un ritmo significativamente más rápido que la renta mediana real de los hogares.
Fuente: Bureau of Labor Statistics.

¿Cómo puede ser? La mayor parte de la diferencia se debe a la diferencia entre la mediana y la media de la distribución.[3] Si cincuenta obreros de la construcción están bebiendo en un bar y entra Bill Gates cuando sale el más pobre de ellos, la riqueza media de los clientes se disparará hasta los mil millones de dólares. Sin embargo, la riqueza del cliente que ocupa la mediana, el situado exactamente en el medio de la distribución, no cambia para nada.

Algo similar ha estado sucediendo con las rentas en Estados Unidos Se han creado billones de dólares de riqueza en décadas recientes, pero la mayor parte ha ido a parar a un porcentaje relativamente pequeño de la población. El economista Ed Wolff afirma que más del 100% de todo el aumento de la riqueza de Estados Unidos entre 1983 y 2009 fue a parar al 20% de los hogares más ricos. Las cuatro quintas partes restantes de la población sufrieron una disminución neta de riqueza durante casi treinta años. A su vez, el 5% más rico obtuvo más del 80% del aumento neto de la riqueza y el 1% más del 40%. Con enorme similitud con un fractal, cada porcentaje cada vez menor en el máximo de la distribución explica un porcentaje desproporcionadamente grande de las ganancias totales de riqueza. Evidentemente, Estados Unidos no ha aumentado su PIB en la forma en la que lo esperaba Franklin D. Roosevelt cuando dijo en el discurso de su segunda toma de posesión como presidente en 1937: "La prueba de nuestro progreso no está en si aumentamos la abundancia de los que tienen mucho, sino en si proveemos lo suficiente a los que tienen demasiado poco".

Esto encaja con la evidencia presentada en el capítulo 2 sobre el creciente rendimiento de las máquinas. No ha habido, como se afirma a veces, ningún estancamiento en el progreso tecnológico o en la creación global de riqueza. El estancamiento de las rentas medianas refleja, por el contrario, un cambio fundamental en la forma en que la economía reparte la renta y la riqueza. El traba-

---

[3] La diferencia refleja también el hecho de que las familias son ahora más pequeñas que en el pasado (por tanto, la renta del hogar crecerá menos que la renta individual) y ciertas diferencias técnicas en la forma en que se calculan el PIB y la renta.

jador que ocupa la posición mediana está perdiendo la carrera contra la máquina.

El examen de otras estadísticas revela la existencia de un problema más profundo y más generalizado. No son solo la renta y los salarios –el precio del trabajo– los que sufren, sino también el número de empleos o la cantidad de trabajo demandada (figura 3.4.) La última década fue la primera desde lo más profundo de la Gran Recesión que no vio ninguna creación neta de empleo.

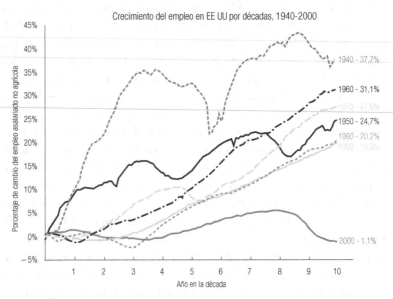

Figura 3.4: En el nuevo milenio se detiene el crecimiento del empleo. *Fuente: Bureau of Labor Statistics.*

La falta de creación de empleo es todavía más alarmante cuando se considera que la población total ha crecido. En la última década, la población de Estados Unidos aumentó en unos treinta millones, de modo que necesitaríamos crear dieciocho millones de empleos para mantener el mismo porcentaje de población trabajadora que en el año 2000. Por el contrario, no hemos creado prácticamente ninguno, y el porcentaje de población empleada se ha reducido desde más del 64% hasta apenas un 58%.

La falta de empleos no se debe simplemente a los despidos masivos causados por la Gran Recesión, sino que refleja problemas estructurales profundos que han ido empeorando durante una década o más. La Encuesta sobre Rotación de la Mano de Obra y Empleos Vacantes (Job Openings and Labor Turnover Survey –JOLTS) que elabora el Bureau of Labor Statistics muestra una disminución dramática de la contratación desde el año 2000. Es esta falta de contratación, y no los aumentos de los despidos, lo que explica la escasez actual de empleos. Por otra parte, un estudio realizado por los economistas Steven J. Davis, Jason Fabeman y John Haltiwanger encontró que la intensidad con que las empresas buscan ocupar los empleos vacantes se ha desplomado también durante la última década. No parece que los empresarios tengan una demanda de trabajo similar a la que tenían en otros tiempos.

Esto refleja una evolución que fue perceptible en la denominada "recuperación sin creación de empleo" de principios de los años noventa, pero que ha empeorado tras cada una de las dos recesiones que ha habido desde entonces. Los economistas Menzie Chinn y Robert Gordon, en análisis separados, encontraron que la venerable relación entre producción y empleo conocida como ley de Okun se ha modificado. Históricamente, el aumento de la producción daba lugar a la creación de empleo, pero la reciente recuperación creó mucho menos empleo del previsto: el PIB repuntó, pero no los empleos. La relación históricamente fuerte entre cambios en el PIB y en el empleo parece haberse debilitado a medida que la tecnología digital se ha hecho más generalizada y poderosa. Como aclaran los ejemplos del capítulo 2, esto no es una coincidencia.

Cómo la tecnología puede destruir empleos

Al menos, desde que los seguidores de Ned Ludd destrozaron los telares mecánicos en 1811, los trabajadores han estado preocupados por la destrucción de puestos de trabajo que causa la automatización. Los economistas les han asegurado que se crearían nuevos empleos aunque se eliminaran los viejos. Durante más de doscientos años, los economistas estuvieron en lo cierto. A pesar de la automatización masiva de millones de puestos de trabajo, hasta finales del siglo XX, cada década que transcurría resultaba en un número mayor de norteamericanos con empleo. Sin embargo, este hecho cierto oculta un secreto sucio. No hay ninguna ley económica que establezca que todo el mundo, ni siquiera que la mayoría de la gente, se beneficia automáticamente del progreso tecnológico.

Las personas con poca formación económica captan intuitivamente esta cuestión. Comprenden que algunos trabajadores humanos pueden acabar perdiendo la carrera contra la máquina. Es irónico que los economistas mejor preparados suelan ser los más resistentes a aceptar esta idea, ya que los modelos típicos de crecimiento económico suponen implícitamente que este beneficia a todos los habitantes de un país. Sin embargo, de igual forma que Paul Samuelson, premio Nobel de Economía, mostró que la externalización y la deslocalización no aumentan necesariamente el bienestar de todos los trabajadores, también es cierto que el progreso tecnológico no es como una marea creciente que hace subir automáticamente todas las rentas. Aunque aumente la riqueza total, puede haber, y normalmente habrá, ganadores y perdedores, y estos no son, necesariamente, un segmento pequeño de la fuerza laboral, como podrían serlo los fabricantes de fustas para montar a caballo. En principio, pueden ser una mayoría y hasta un 90% o más de la población.

Si los salarios pudieran ajustarse libremente, entonces los que salen perdiendo con el progreso tecnológico podrían conservar sus empleos a cambio de aceptar unas retribuciones cada vez menores. Sin embargo, este ajuste tiene un límite. Poco después de que los luditas comenzaran a destrozar la maquinaria que, según pensaban, amenazaba sus puestos de trabajo, el economista David Ricardo, que inicialmente pensó que los avances tecnológicos beneficiarían a todo el mundo, desarrolló un modelo abstracto que mostraba la posibilidad del paro tecnológico. La idea básica era que, en algún momento, los salarios de equilibrio podían caer por debajo del nivel de subsistencia. Ninguna persona racional estaría dispuesta a aceptar un empleo con un salario tan bajo, por lo que el trabajador preferiría estar parado y, en su lugar, el trabajo lo haría una máquina.

Evidentemente, esto era solo un modelo abstracto. Sin embargo, el economista Gregory Clark, en su libro *A Farewell to Alms*, da un ejemplo real muy inquietante de este fenómeno:

> Hubo un tipo de trabajador a principios de la Revolución Industrial, el caballo, cuyo puesto de trabajo y su sustento desaparecieron en gran medida a principios del siglo XX. La población de caballos de labor alcanzó un máximo en Inglaterra mucho después de la Revolución Industrial, en 1901, cuando llegó a ser de 3,25 millones. Aunque habían sido reemplazados por el ferrocarril para transportes de largo recorrido y por los motores de vapor para mover las máquinas, todavía araban los campos, transportaban vagones y carruajes en recorridos cortos, tiraban de embarcaciones en los canales, trabajaban en las minas y transportaban ejércitos en las guerras. Sin embargo, la llegada del motor de combustión interna a finales del siglo XIX los desplazó rápidamente, de forma que en 1924 había menos de dos millones. Siempre había un salario al que estos caballos podían haber continuado empleados, pero era tan bajo que no pagaba su sustento.

A medida que la tecnología continúe avanzando en la segunda mitad del tablero de ajedrez, apoderándose de empleos y tareas que solían realizar exclusivamente las personas, cabe imaginar un tiempo futuro en el que un número cada vez mayor de empleos sean realizados a menor coste por las máquinas. Realmente, los salarios de los trabajadores no especializados han seguido una tendencia a la baja durante más de treinta años, al menos en los Estados Unidos

Ahora comprendemos que el paro tecnológico puede ocurrir incluso cuando los salarios están todavía muy por encima del nivel de subsistencia, si existen rigideces a la baja que les impiden caer con la misma rapidez con la que los avances tecnológicos reducen los costes de la automatización. Las leyes de salarios mínimos, el seguro de desempleo, la asistencia sanitaria gratuita, los convenios colectivos y los contratos a largo plazo –por no mencionar la costumbre y la psicología– dificultan que los salarios se reduzcan rápidamente.[4] Además, a menudo los empresarios consideran que las reducciones salariales perjudican la moral del trabajador. Como señala la literatura sobre el salario de eficiencia, esas reducciones desmotivan a los trabajadores y hacen que las empresas pierdan a su mejor personal.

Sin embargo, una completa flexibilidad laboral tampoco sería ninguna panacea. Unos salarios continuamente decrecientes para segmentos importantes de la fuerza laboral no son precisamente una solución atractiva ante la amenaza del paro tecnológico. Aparte del daño que causa a los niveles de vida de los trabajadores afectados, una menor retribución lo único que hace es posponer el día del ajuste de cuentas. La ley de Moore no es un accidente que ocurre una sola vez, sino una tendencia exponencial acelerada.

La amenaza del paro tecnológico es real. Para comprenderla, vamos a definir tres conjuntos de ganadores y perdedores que crea el cambio técnico: 1) trabajadores muy cualificados frente a los poco cualificados; 2) superestrellas contra todos los demás, y 3) capital frente al trabajo. Cada conjunto está contrastado por hechos bien documentados y está relacionado de forma convincente con la tecnología digital. Mas aún, estos conjuntos no son mutuamente excluyentes. En realidad, los que ganan en un conjunto es muy probable que sean ganadores también en los otros dos, lo cual magnifica las consecuencias.

En cada caso, la teoría económica es clara. Aunque el progreso tecnológico aumente la productividad y la riqueza total, puede afectar también de forma diferenciada las retribuciones de la gente, ya que es posible que coloque a algunas personas en peor situación que la que

---

[4] Estas rigideces en los salarios se mantienen con bastante generalidad y son un componente crucial de muchos modelos macroeconómicos del ciclo económico.

tenían antes de la innovación en cuestión. En una economía en crecimiento, los beneficios de los que ganan pueden ser mayores que las pérdidas de los que se ven perjudicados, pero este es un pequeño consuelo para los últimos.

En definitva, el impacto de la tecnología es una cuestión empírica que se resuelve analizando datos reales. Para los tres conjuntos de ganadores y de perdedores, las noticias son inquietantes. Veamos cada uno de ellos sucesivamente.

Trabajadores muy cualificados frente a los poco cualificados

Vamos a comenzar con un cambio técnico favorable a los trabajadores muy cualificados, que es quizá el que se ha estudiado más detenidamente de los tres; es decir, un cambio técnico que aumenta la demanda relativa de trabajo muy cualificado al tiempo que reduce o elimina la del poco cualificado. Una gran parte de la automatización industrial cae en esta categoría; el trabajo rutinario se deja a las máquinas, mientras que las decisiones más complejas de programación, administración y comercialización continúan tomándolas las personas.

Un artículo reciente de los economistas Daron Acemoglu y David Autor subraya la creciente divergencia de los ingresos percibidos por los trabajadores según su nivel de educación. Durante los últimos cuarenta años, los salarios semanales de los trabajadores con estudios de grado medio han bajado y los de aquellos que añaden a un grado medio cierta formación universitaria se han estancado. Por el contrario, los trabajadores con título universitario han tenido ganancias importantes y las mayores las han obtenido los que han completado estudios de posgrado. (figura 3.5.)

Mas aún, este aumento en el precio relativo del trabajo educado –su salario– tiene lugar durante un periodo en el que su *oferta* ha aumentado. Esta combinación de mayor salario y oferta creciente evidencia inequívocamente que se ha producido un aumento en la demanda relativa de trabajo cualificado. Como los que habían recibido menos educación tenían ya, normalmente, los salarios más bajos, este cambio ha aumentado la desigualdad en la distribución de la renta.

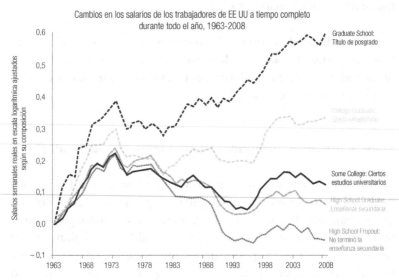

Figura 3.5: Los salarios han aumentado para los que han recibido más educación y se han reducido para los que han recibido menos. Fuente: Acemoglu y Autor, Análisis de la *Current Population Survey, 1963-2008.*

La figura 3.5 muestra claramente que la divergencia salarial se aceleró en la era digital. Como documentan los detallados estudios de David Autor, Laurence Katz y Alan Krueger, así como los de Frank Levy y Richard Murmane y muchos otros, el aumento en la demanda relativa de trabajo cualificado está estrechamente correlacionado con los avances de la tecnología, especialmente de las tecnologías digitales. De ahí la expresión "cambio técnico favorable a la mayor cualificación" (*skill-biased technical change*–SBTC.) El reciente SBTC tiene dos componentes distintos. Tecnologías como la robótica, las máquinas de control numérico, el control computerizado de stocks y las transcripción automática han estado sustituyendo tareas rutinarias y desplazando a los trabajadores que las realizaban. Mientras tanto, otras tecnologías, como la visualización y el análisis de datos, las comunicaciones de alta velocidad y la realización rápida de prototipos han aumentado las contribuciones del razonamiento más abstracto e, impulsado por el análisis de datos, aumentando el valor de estos puestos de trabajo.

El SBTC también fue importante en el pasado. Durante la mayor parte del siglo XIX, aproximadamente el 25% del trabajo agrícola se dedicaba a la trilla del cereal. Ese trabajo se automatizó en los años 1860. El siglo XX se caracterizó por una aceleración de la mecanización, no solo agrícola, sino también del trabajo fabril. Haciéndose eco de Jan Tinbergen, ganador del primer premio Nobel de Economía, los economistas de Harvard Claudia Goldin y Larry Katz describieron el SBTC resultante como una "carrera entre educación y tecnología". Inversiones continuamente crecientes en educación, que aumentaron dramáticamente el nivel educativo medio de la fuerza laboral norteamericana, ayudaron a impedir que la desigualdad se disparase a medida que la tecnología automatizaba crecientemente el trabajo no cualificado. Aunque educación no es, ciertamente, sinónimo de cualificación, es uno de los elementos correlacionados con ella medible más fácilmente, por lo que esta evolución indica que la demanda de mayor cualificación ha aumentado con mayor rapidez que su oferta.

Estudios realizados por el coautor de este libro, Erik Brynjolsson, en colaboración con Timothy Brenashan, Lorin Hitt y Shinku Yang, encontraron que un aspecto clave del SBTC fue no solo las cualificaciones de los que trabajan con ordenadores, sino, lo que es más importante, los cambios profundos en la organización del trabajo que posibilitó la tecnología de la información. Las empresas más productivas reinventaron y reorganizaron los derechos de decisión, los sistemas de incentivos, los flujos de información, los sistemas de contratación y otros aspectos organizativos para extraer el máximo de la tecnología. Esto, a su vez, exigió unos niveles de cualificación radicalmente diferentes y, en general, más elevados de la mano de obra. No se trataba tanto de que los que trabajaban con ordenadores tuvieran que ser más cualificados, sino, más bien, que todos los procesos de producción, e incluso las propias industrias, se modificaran para explotar las nuevas y potentes tecnologías de la información. Lo que es más, cada dólar gastado en equipo informático era, a menudo, el catalizador para más de 10 dólares de inversión en capital organizativo complementario. Los activos organizativos intangibles son normalmente mucho más difíciles de cambiar, pero son también mucho más importantes para el éxito de una organización.

A medida que avanza el siglo XXI, la automatización está afectando a áreas laborales más amplias. Incluso los bajos salarios percibidos por los trabajadores industriales de China no les han librado de ser superados por la nueva maquinaria y los cambios institucionales y organizativos complementarios. Por ejemplo, Terry Gou, fundador y presidente de Foxconn, el fabricante de electrónica, ha anunciado este año un plan para comprar un millón de robots durante los próximos tres años para reemplazar gran parte de su mano de obra. Los robots realizarán trabajos rutinarios, como pulverizar pintura, soldar y realizar montajes básicos. Actualmente, Foxconn tiene 10.000 robots y prevé disponer de 300.000 el año próximo.

Superestrellas contra todos los demás

La segunda división es entre superestrellas y todos los demás. En muchas industrias la competencia es de tal tipo que el ganador se lo lleva todo o casi todo; es decir, unos pocos individuos se llevan la parte del león de los beneficios. Piénsese en la música pop, el atletismo profesional y el mercado de los altísimos ejecutivos. Las tecnologías digitales aumentan el tamaño y el alcance de estos mercados. Estas tecnologías replican no solo bienes de información, sino también, cada vez más, procedimientos empresariales. En consecuencia, los talentos, ideas o decisiones de una sola persona pueden ahora dominar un mercado nacional o incluso un mercado global. Mientras tanto, buenos, pero no grandes, competidores locales son expulsados cada vez más de sus mercados. Las superestrellas en cada sector pueden ahora obtener beneficios mucho mayores que los que solían en décadas anteriores.

Los efectos son evidentes en la parte más alta de la distribución de la renta. El 10% más alto en la distribución salarial ha conseguido mucho más que el resto de la mano de obra, pero, incluso dentro de este grupo, ha habido una desigualdad creciente. La renta ha crecido con mayor rapidez para el 1% más alto que para el resto del decil superior. A su vez, el 0,1% más alto y el 0,01% más elevado han visto aumentar sus rentas con una rapidez todavía mayor. Esto no se debe a un cambio tecnológico que favorezca a los más cualificados, sino que es un reflejo de los beneficios exclusivos del superestrellato. Sherwin Rosen, que es él mismo un economista superestrella, describió la economía de las superestrellas en un artículo muy influyente en 1981. En muchos mercados, los consumidores están dispuestos a pagar una prima por lo mejor. Si existe tecnología que permita que un solo vendedor ofrezca sus servicios a bajo precio, el proveedor de la mejor calidad puede capturar todo el mercado, o la mayor parte del mismo. El siguiente proveedor en términos de calidad pudiera ser casi tan bueno como el mejor y, sin embargo, lograr solo una fracción minúscula de los ingresos.

La tecnología puede convertir un mercado ordinario en otro caracterizado por la existencia de superestrellas. Antes de la música grabada, el mejor cantante podía llenar una gran sala de conciertos, pero, como mucho, podía solo llegar a miles de oyentes durante un año. Cada ciudad podía tener sus propias estrellas locales, con unos pocos destacados actuando a nivel nacional, pero incluso el mejor cantante de un país podía llegar solamente a una fracción relativamente pequeña de su audiencia potencial. Sin embargo, en cuanto la música pudo grabarse y distribuirse a un coste marginal muy bajo, un número muy pequeño de los mejores cantantes pudieron lograr la mayoría de los ingresos en cada mercado, desde el Yo-Yo Ma de la música clásica a la Lady Gaga del pop.

Los economistas Robert Frank y Philip Cook documentaron cómo han proliferado los mercados en los que el ganador se lo lleva todo a medida que la tecnología va transformando no solo la música grabada, sino también los programas informáticos, el teatro, los deportes y cualquier otra actividad que pueda transmitirse con bits digitales. Esta tendencia se ha acelerado a medida que una parte cada vez mayor de la economía se basa en programas informáticos, implícita o explícitamente. Como discutimos en nuestro artículo de 2008 en la *Harvard Business Review*, las tecnologías digitales permiten reproducir no solo bits, sino también procesos. Por ejemplo, la empresa CVS ha integrado procesos de petición de medicamentos con receta en sus sistemas de información empresarial. Cada vez que CVS realiza una mejora, esta se propaga por 4.000 establecimientos en todo el país amplificando su valor. En consecuencia, el alcance e impacto de una decisión ejecutiva –por ejemplo, cómo organizar un determinado proceso– es, en consecuencia, mayor.

De hecho, la relación entre la retribución del primer ejecutivo y la del trabajador medio ha aumentado de 70 en 1990 a 300 en 2005, y una gran parte de este crecimiento está vinculado al mayor uso de la tecnología de la información, según una reciente investigación que Erik realizó con su estudiante Heekyung Kim. Estos encontraron que los aumentos en los sueldos de otros altos ejecutivos siguió un modelo similar, aunque menos extremo. Ayudados por las tecnologías digitales, los grandes empresarios, los altos ejecutivos, las estrellas del espectáculo y los financieros importantes han podido hacer valer sus talentos en los mercados globales y obtener unos beneficios inimaginables anteriormente.

Ciertamente, la tecnología no es el único factor que afecta a las rentas. Factores políticos, la globalización, los cambios en los precios de los activos y, en el caso de los altos directivos y de los ejecutivos financieros, la buena gestión empresarial también ejerce un papel. En particular, el sector de los servicios financieros ha crecido enormemente como porcentaje del PIB y todavía más como porcentaje de los beneficios y de los sueldos, especialmente en el máximo de la distribución de la renta. Aunque unas finanzas eficientes son esenciales en una economía moderna, parece que un porcentaje significativo de los rendimientos de las grandes inversiones humanas y tecnológicas de la década pasada, tales como las realizadas en la comercialización de programas computarizados sofisticados, tuvieron como resultado una redistribución de rentas y no una creación auténtica de riqueza. Países con instituciones diferentes y una adopción más lenta de las tecnologías de la información, han padecido cambios menos extremos en la desigualdad. Sin embargo, los cambios en Estados Unidos han sido sustanciales. Según el economista Emmanuel Sáez, el 1% de los hogares de Estados Unidos de mayor renta obtuvieron el 65% de todo el crecimiento de la economía desde 2002. En realidad, Sáez calcula que el 0,01% de mayor renta −es decir, las 14.588 familias con renta superior a 11.477.000 dólares− vieron cómo se duplicaba su porcentaje de la renta nacional del 3% al 6% entre 1995 y 2007.

Capital frente a trabajo

La tercera división es entre el capital y el trabajo. La mayoría de los procesos productivos requieren el concurso de maquinaria y de trabajo humano. Según la teoría de la negociación, la riqueza que generan se divide según el poder de negociación relativo, que, a su vez, refleja normalmente la contribución de cada factor.

Si la tecnología disminuye la importancia relativa del trabajo en un proceso de producción concreto, los propietarios del capital podrán lograr un porcentaje mayor de la renta obtenida por los bienes y servicios producidos. Evidentemente, los propietarios del capital son también personas −por tanto, no es que la riqueza desaparezca de la sociedad− pero son, normalmente, un grupo muy diferente y más reducido que los que hacen la mayor parte del trabajo; por tanto, queda afectada la distribución de la renta.

En particular, si la tecnología sustituye al trabajo, cabría esperar que los porcentajes de la renta ganada por los propietarios de los bienes de equipo aumentara con relación al de los trabajadores −la batalla negociadora clásica entre capital y trabajo–.[5] Esto ha estado sucediendo cada vez más en años recientes. Como señaló Kathleen Madigan, desde que acabó la recesión en Estados Unidos, el gasto real en bienes de equipo y en programas informáticos se ha disparado un 26% mientras que el global de las nóminas prácticamente no ha cambiado.

Además, hay una evidencia creciente de que el capital ha obtenido un porcentaje cada vez mayor del PIB en años recientes. Como se muestra en la figura 3.6, los beneficios empresariales han superado fácilmente los niveles anteriores a los de la recesión.

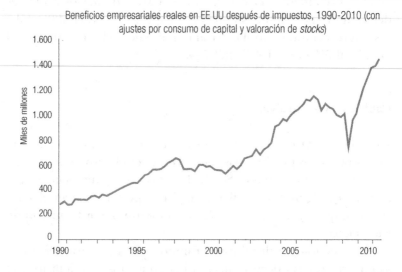

Figura 3.6: Los beneficios se disparan en la recuperación actual. Fuente: *Bureau of Economic Analysis*.

---

[5] La teoría económica es, estrictamente, un poco más complicada. En un mercado que funcione adecuadamente, la retribución del capital, o del trabajo, tiende a reflejar el valor de una unidad adicional de capital (o de un trabajador adicional) *en el margen*. Dependiendo de lo caro que sea aumentar el *stock* de capital, la retribución ganada por los capitalistas puede que no crezca automáticamente con una mayor automatización –los efectos previstos dependen de los detalles exactos de los sistemas de producción, distribución y de gestión empresarial.

Según datos actualizados recientemente del Departamento de Comercio de Estados Unidos, los beneficios recientes de las empresas representaron el 23,8% de su facturación total en el país, una cuota récord que está más de un punto porcentual por encima del record previo.

De modo similar, los beneficios de las empresas como porcentaje del PIB están en máximos de cincuenta años. Mientras tanto, la retribución del trabajo en todas sus formas, incluidos salarios y demás honorarios, está en un mínimo de cincuenta años. El capital está consiguiendo una cuota mayor del pastel con relación al trabajo.

La recesión exacerbó esta tendencia, pero forma parte del cambio a largo plazo de la economía. Como constataron los economistas Susan Fleck, John Glaser y Shawn Sprague, la tendencia de la cuota del trabajo en el PIB fue básicamente plana entre 1974 y 1983, pero ha estado bajando desde entonces. Cuando se piensa en los trabajadores que son sustituidos por robots que ahorran trabajo, es fácil imaginar que la participación relativa del trabajo en el PIB bien pudiera estar cambiando.

Es importante señalar que la cuota del *trabajo* en los datos del Bureau of Labor Statistics incluye los salarios pagados a los altos ejecutivos, los profesionales de las finanzas y los atletas profesionales, y otras superestrellas mencionadas anteriormente. Por tanto, el decrecimiento de la cuota del trabajo infravalora lo mal que le han ido las cosas al trabajador medio. También puede estar subestimando el reparto de la renta entre capital y trabajo en la medida que los altos ejecutivos puedan tener suficiente poder de negociación como para capturar parte de la "cuota del capital" que, de otro modo, recibirían los accionistas.

La desigualdad puede afectar al propio tamaño de la economía

La tecnología cambia también la parte de renta que reciben los trabajadores cualificados en relación con los no cualificados, las superestrellas en comparación con el resto y el capital respecto del trabajo. ¿Es esto simplemente un juego de suma cero en el que las pérdidas de algunos se compensan exactamente con las ganancias de los demás? No necesariamente. En el lado positivo de la balanza, la mayor desigualdad puede proporcionar incentivos para que la gente adquiera mejores cualificaciones y se esfuerce en alcanzar el superestrellato o acumular capital. Hay varias formas, sin embargo, en las que esta situación llegue a ser nociva para el bienestar económico.

En primer lugar, una de las principios más básicos del análisis económico es el carácter decreciente de la utilidad marginal de la renta. Es probable que un beneficio imprevisto de 1.000 dólares aumente su felicidad, o utilidad, aunque menos si ya posees10 millones de dólares o que si tiene 10.000. En segundo lugar, la igualdad de oportunidades es importante desde el punto de vista de la eficiencia y la equidad de una sociedad, aunque se toleren, o incluso se lleguen a celebrar, las desigualdades. Si embargo, la igualdad de oportunidades puede ser más difícil de lograr si los hijos de los pobres obtienen una asistencia sanitaria, una nutrición o una educación inadecuadas, o si a la gente situada en la parte inferior de la distribución le resulta, de algún modo, imposible competir en condiciones de igualdad. En tercer lugar, la desigualdad afecta inevitablemente a la política y ello puede ser nocivo y desestabilizador. Como dice el economista Daren Acemoglu:

> El poder económico tiende a engendrar poder político, incluso en sociedades democráticas y pluralistas. En Estados Unidos, este poder opera a través de contribuciones de campaña y el acceso a políticos para quienes la riqueza y el poder pueden resultar muy tentadores. El canal político da lugar a otro elemento, potencialmente más poderoso y distorsionador, para que la desigualdad ponga en jaque la equidad y la igualdad de oportunidades.

Finalmente, cuando la tecnología da pie a cambios relativamente repentinos en la distribución de la renta, puede frenar también el crecimiento económico global y aumentar el tipo de colapso de la demanda agregada que se aprecia en la crisis actual.

Considérense cada uno de los tres conjuntos de ganadores y perdedores discutidos anteriormente. Cuando el SBTC aumenta las rentas de los trabajadores muy cualificados y reduce las rentas y el empleo de los poco cualificados, el efecto neto puede ser una caída en la demanda global. Los primeros, con unos ingresos adicionales, pueden elegir aumentar su ocio o sus ahorros en lugar de trabajar más horas. Mientras tanto, los segundos pierden sus empleos, buscan que se les considere discapacitados o, finalmente, abandonan el mercado laboral. Ambos grupos trabajan menos que antes, de forma que la producción total se reduce.[6]

Se puede contar una historia similar sobre cómo las superestrellas superricas, al conseguir ingresos mayores, prefieren ahorrar más, mientras que sus competidores menos estelares tienen que recortar su consumo. De nuevo, la producción total baja debido al cambio. Un anterior secretario de Trabajo, Robert Reich, ha mantenido que esta dinámica fue responsable, en parte, de la Gran Depresión y Joseph Stiglitz, premio Nobel, ha escrito con detalle sobre cómo la creciente concentración de riqueza en un grupo relativamente pequeño puede ser negativa para el crecimiento económico.

Por último, es fácil ver cómo una desviación de los ingresos derivados del trabajo hacia capital llevaría a una reducción similar en la demanda total. Los capitalistas tienden a ahorrar más de cada dólar marginal que los obreros. En el corto plazo, una transferencia de obreros a capitalistas reduce el consumo total y, por tanto, el PIB total. Este fenómeno se resume en un cuento clásico aunque posiblemente apócrifo: el CEO de Ford, Henry Ford II, y el presidente de United Automobile Workers, Walter Reuther, estaban ambos visitando una planta de coches moderna. Ford bromeó con Reuther: "Walter, ¿cómo vas a conseguir que estos robots paguen las cuotas sindicales?". Sin detenerse, Reuther respondió: "Henry, ¿cómo vas a conseguir que compren tus coches?".

---

[6] El economista Arnold Kling describe este modelo en su blog.

Con el tiempo, una economía que funcione bien debiera ser capaz de adaptarse a la nueva senda de consumo requerida por cualquiera de estos cambios en la distribución de la renta. Por ejemplo, aproximadamente el 90% de los estadounidenses trabajaban en la agricultura en el año 1800; en 1900, el 41%, y en 2000 apenas el 2%. A medida que, en estos dos siglos, los trabajadores abandonaban el campo, se creaban empleos más que suficientes en otros sectores y surgían nuevas industrias para emplearlos. Sin embargo, cuando los cambios ocurren con mayor rapidez de la que necesitan las expectativas de la gente o las instituciones para ajustarse, la transición puede ser catastrófica. La aceleración de la tecnología en la última década ha alterado no solo un sector económico, sino prácticamente todos. Una forma común de sostener temporalmente el consumo ante un *shock* adverso es endeudarse más. Aunque esto es factible a corto plazo –y es incluso racional si se espera que el *shock* sea temporal– es insostenible si la tendencia continúa o, peor aún, si esta crece en magnitud.

Sin duda, algo así ha sucedido en la última década. Los salarios de muchos estadounidenses cayeron muy por debajo de las tasas de crecimiento históricas e incluso bajaron en términos reales para muchos grupos a medida que la tecnología transformaba sus empleos. Los préstamos ayudaron a enmascarar el problema hasta que llegó la Gran Recesión. El colapso gradual de la demanda, que podría haberse extendido durante décadas, se comprimió en un periodo mucho más corto, lo cual dificultó que los trabajadores mejoraran sus cualificaciones, que los empresarios inventaran nuevos modelos de negocio y que los directivos hicieran rápidamente los ajustes necesarios. El resultado han sido una serie de crisis. Sin duda, gran parte del reciente desempleo se debe, simplemente, al igual que en los últimos ciclos económicos, a la debilidad de la demanda mundial, debida a una recesión muy severa. Sin embargo, esto no excluye la existencia de un importante componente estructural en la disminución de los niveles de empleo, y es posible que la Gran Recesión en sí misma pueda reflejar, en parte, una respuesta retardada a estos problemas estructurales más profundos.

Mirando hacia el futuro

Mirando al futuro, vemos que estas tres corrientes no solo se están acelerando, sino también evolucionando. Por ejemplo, una nueva investigación de David Autor y David Dorn ha puesto de manifiesto un giro interesante en la historia de la SBTC. Encuentran que la relación entre las cualificaciones y los salarios ha pasado a tener forma de U. En la última década, la demanda ha caído más para quienes están en la mitad de la distribución de las cualificaciones laborales. A los trabajadores más cualificados les ha ido bien, pero, curiosamente, aquellos con cualificaciones más bajas han sufrido menos que los que tienen cualificaciones medias, debido una polarización de la demanda de trabajo.

Esto refleja un hecho interesante. Puede ser más fácil automatizar el trabajo de un contable, un cajero de banco o un obrero industrial semicualificado que el de un jardinero, un peluquero o un asistente social a domicilio. En particular, en los últimos veinticinco años, las actividades que requieren un cierto grado de coordinación física y de percepción sensorial han demostrado ser más resistentes a la automatización que el procesamiento de información básica, un fenómeno conocido como *la paradoja de Moravec*. Por ejemplo, se han automatizado muchos tipos de trabajo de oficina y cada día millones de personas utilizan los cajeros automáticos y las máquinas expendedoras de billetes en los aeropuertos. Más recientemente, el trabajo en los *call-centers* –que en la década de 1990 se deslocalizó hacia la India, Filipinas y otros países de bajos salarios– se ha sustituido cada vez más por sistemas de respuesta automática que reconocen un vocabulario concreto cada vez mayor e incluso frases completas.

Por el contrario, la visión, las capacidades motoras precisas y la locomoción han sido mucho más difíciles de automatizar. El cerebro humano puede apoyarse en circuitos neuronales altamente especializados, refinados durante millones de años de evolución, para reconocer caras, manipular objetos y caminar en superficies irregulares. Mientras que multiplicar números de cinco dígitos es una habilidad poco natural y difícil de dominar por parte de la mente humana, la corteza visual, cada vez que detecta un borde o usa el paralaje para localizar un objeto en el espacio, utiliza unas matemáticas mucho más complejas. La capacidad de cálculo de las máquinas ha superado a los seres humanos en la primera tarea, pero todavía no en la segunda.

A medida que las tecnologías digitales continúan mejorando, dudamos de que incluso estas habilidades sigan siendo bastiones del excepcionalismo humano en las décadas venideras. Los ejemplos del capítulo 2 sobre el coche que se conduce solo de Google y el Watson de IBM señalan un camino diferente en el futuro. La tecnología se está desarrollando rápidamente y probablemente permita automatizar los desplazamientos en automóvil en la próxima década, al igual que en la última se automatizó la programación de rutas automovilísticas. Igualmente, el extremo superior del abanico de cualificaciones laborales también es vulnerable, como vemos en el desplazamiento de abogados por el *e-discovery* y, quizá, con una tecnología similar a la de Watson, de los diagnósticos médicos hechos por humanos.

Algunas conclusiones

La tecnología ha avanzado rápidamente y la buena noticia es que ello ha incrementado radicalmente la capacidad productiva de la economía. Sin embargo, el progreso tecnológico no beneficia automáticamente a todos los miembros de una sociedad. En particular, las rentas, al igual que las oportunidades de empleo, se han vuelto más desiguales. Los recientes avances tecnológicos han favorecido a unos grupos con determinadas cualificaciones más que a otros, particularmente a las superestrellas en muchos ámbitos y, probablemente, también ha aumentado la cuota del PIB que recibe el capital.

El estancamiento de la renta mediana no se debe a una falta de progreso tecnológico. Por el contrario, el problema es que nuestras cualificaciones laborales y nuestras instituciones no han evolucionado al mismo ritmo que los rápidos cambios en la tecnología.

En los siglos XIX y XX, a medida que cada oleada sucesiva de automatización eliminaba trabajos en algunos sectores y ocupaciones, los empresarios identificaban nuevas oportunidades de negocio donde redistribuir el trabajo sobrante y los trabajadores aprendían las cualificaciones necesarias para ser empleados. Millones de personas dejaron la agricultura, pero un número aún mayor encontró empleo en la industria y los servicios.

En el siglo XXI, el cambio tecnológico es más rápido y generalizado. Mientras que las máquinas de vapor y los motores eléctricos y de combustión interna fueron cada uno de ellos unas tecnologías impresionantes, no estuvieron, en absoluto, sujetos al ritmo de mejora continua observado en las tecnologías digitales. Los ordenadores son hoy mil veces más poderosos que hace treinta años y toda la evidencia indica que este ritmo continuará durante al menos otra década (y probablemente mucho más.) Además, son, en cierta forma, la *máquina universal* dotada de aplicaciones en casi todas las industrias y tareas. En particular, las tecnologías digitales ahora realizan tareas mentales que en el pasado eran dominio exclusivo de las personas. Los ordenadores polivalentes son directamente relevantes no solo para el 60% de la fuerza laboral involucrada en las tareas de procesamiento de información, sino también cada vez más para el 40% restante. A medida que la tecnología avanza hacia la segunda mitad del tablero de ajedrez, cada duplicación sucesiva de potencia aumentará el número de aplicaciones en las que puede afectar al trabajo y al empleo. Como resultado, nuestras cualificaciones laborales y nuestras instituciones tendrán que trabajar cada vez más para mantenerse al día y lograr que una fracción cada vez menor de la fuerza laboral se enfrente al paro tecnológico.

4
¿Qué debe hacerse?
Prescripciones y recomendaciones

La mayor tarea a la que se enfrenta actualmente la civilización es hacer que las máquinas sean lo que deberían ser, las esclavas del hombre, y no sus dueñas.
Havelock Ellis, 1922

En los dos capítulos anteriores mostramos la rapidez y profundidad con las que los ordenadores están invadiendo el territorio del hombre y discutimos las consecuencias económicas de este fenómeno –de qué manera el progreso digital puede dejar a algunas personas en una situación peor, por mucho que la productividad mejore y crezca el tamaño del pastel–. Evidentemente, la preocupación por la interacción entre tecnología y economía no es nueva. De hecho, incluso ha pasado a formar parte del folclore de algún país.

La leyenda de John Henry se hizo popular a finales del siglo XIX, a medida que los efectos de la Revolución Industrial causados por el uso de la energía derivada del vapor afectaban a todo sector económico y puesto de trabajo que dependiera en gran medida de la fuerza humana. Es la historia de una competición entre una taladradora de vapor y John Henry, un fuerte obrero ferroviario, para ver cuál de los dos podía taladrar el agujero más profundo en una roca sólida.[7] Henry ganó esta carrera contra la máquina, pero perdió su vida; sus esfuerzos hicieron que el corazón le estallara. Nunca ninguna persona han vuelto a desafiar directamente a una taladradora de vapor.

Esta leyenda refleja el malestar popular del momento ante el peligro potencial de que la tecnología acabara con el trabajo humano. Sin embargo, a medida que la Revolución Industrial fue avanzando, no fue esto en absoluto lo que sucedió. A medida que la energía derivada del vapor se extendía por todos los sectores industriales, se fue necesitando más trabajo humano, no menos. Pero no para utilizar su fuerza física (como en el caso de John Henry), sino, por el contrario, para el aprovechamiento de otras habilidades humanas: unas físicas, como la locomoción, destreza, coordinación y percepción, y otras mentales, como la comunicación, identificación de estructuras y creatividad.

La leyenda de John Henry nos indica que, en muchos contextos, los seres humanos acabarán perdiendo la carrera contra la máquina. Pero la lección más general de la primera Revolución Industrial es más parecida a las 500 millas de Indianápolis que a la de John Henry: el progreso económico proviene de la constante innovación en la que las personas colaboran con las máquinas para competir entre ellas. Persona y máquina cooperan como en una carrera para producir más, para capturar nuevos mercados y para vencer a otros equipos de personas y máquinas.

Hoy, esta lección continúa siendo válida e instructiva, cuando las máquinas están ganando competiciones mentales y no solo físicas. Aquí, de nuevo, observamos que las cosas se ponen realmente interesantes una vez que termina la competición entre el hombre y la máquina y la gente comienza a correr aprovechando las máquinas y no contra ellas.

---

[7] Los equipos que trabajaban en esa época en la construcción del ferrocarril excavaban túneles en las laderas de las montañas taladrando agujeros en la roca, rellenándolos con explosivos y haciéndolos detonar.

El juego del ajedrez proporciona un buen ejemplo. En 1997, Gary Kasparov, el maestro de ajedrez más brillante de la historia, perdió contra Deep Blue, un superordenador especializado, que costó 10 millones de dólares y fue programado por un equipo de IBM. Cuando sucedió, fue una noticia impactante, pero después los acontecimientos en el mundo del ajedrez volvieron a ser divulgados y leídos principalmente por los aficionados a este juego. El resultado es que la gente no sabe que el mejor jugador de ajedrez del planeta hoy no es un ordenador, ni tampoco una persona, sino un equipo de personas usando ordenadores.

Después de que las competiciones entre personas y ordenadores perdieran interés (porque estos siempre ganaban), la atención se trasladó a las competiciones *libres*, que permitían cualquier combinación de personas y máquinas. En un reciente torneo *libre* el ganador no tenía los mejores jugadores humanos o los ordenadores más potentes. Como escribe Kasparov, esencialmente consistió en:

> un par de jugadores aficionados norteamericanos de ajedrez que utilizaban tres ordenadores al mismo tiempo. Su habilidad para manipularlos y *entrenarlos* para buscar exhaustivamente las posiciones adecuadas, contrarrestó eficazmente el mayor conocimiento del ajedrez de algunos de sus oponentes y la mayor potencia computacional de otros participantes. Humano débil + máquina + mejor proceso es superior a un potente ordenador por si solo y, aún más destacable, superior a humano fuerte + máquina + proceso inferior.

Este patrón es cierto no solo en el ajedrez, sino en toda la economía. En medicina, derecho, finanzas, comercio al por menor, fabricación e incluso descubrimientos científicos, la clave para ganar la carrera no es competir contra las máquinas, sino competir con las máquinas. Como vimos en el capítulo 2, aunque los ordenadores ganan en procesos rutinarios, en cálculos aritméticos repetitivos y en la consistente ausencia de errores y están mejorando rápidamente en el campo de las comunicaciones complejas y de la identificación de estructuras, carecen de intuición y creatividad y se pierden cuando se les pide trabajar fuera de un ámbito predefinido. Afortunadamente, los seres humanos son fuertes exactamente donde las máquinas son débiles, y se crea así una colaboración potencialmente hermosa.

A medida que esta colaboración avanza, lo que menos nos preocupa es que los ordenadores cumplan con su parte. Los técnicos están realizando un tremendo trabajo haciéndolos, con el tiempo, cada vez más rápidos, pequeños, eficientes desde el punto de vista energético y baratos. Estamos seguros de que esta tendencia continuará incluso a medida que vamos entrando cada vez más en la segunda mitad del tablero de ajedrez.

De hecho, el progreso digital es tan rápido e implacable que resulta complicado tanto a las personas como a las organizaciones mantenerse al día. Por ello, en este capítulo nos queremos centrar en hacer recomendaciones en dos áreas: mejorar el ritmo y la calidad de la innovación en las organizaciones y aumentar el capital humano, con el fin de asegurarnos de que las personas tengan las cualificaciones que se necesitan para participar en la economía de hoy y de mañana. Realizar progresos en estas dos áreas será la mejor manera de permitir que los trabajadores y las instituciones corran con las máquinas y no contra ellas.

Fomento de la innovación en las organizaciones

¿Cómo podemos aplicar una estrategia de "correr con las máquinas"? La solución es la innovación en las organizaciones: coinventar nuevas estructuras organizativas, procesos y modelos de negocios que aprovechen una tecnología y unas cualificaciones humanas en avance permanente. El economista Joseph Schumpeter describió esto como un proceso de "destrucción creativa" y confirió a los empresarios el papel central en el desarrollo y la propagación de las innovaciones necesarias. Los empresarios pueden cosechar enormes beneficios porque lo que hacen, cuando lo hacen bien, es increíblemente valioso y excesivamente raro.

Dicho de otra manera, el estancamiento de los salarios medianos y la polarización del crecimiento del empleo es una *oportunidad* para los empresarios creativos. Para crear valor, pueden desarrollar nuevos modelos de negocio que combinen el creciente número de trabajadores cualificados medios con una tecnología cada vez más barata. Nunca ha habido un momento peor para competir con las máquinas, pero nunca ha habido un mejor momento para ser un empresario con talento.

La energía empresarial en el sector tecnológico de Estados Unidos condujo a la reinvención más visible de la economía. Google, Facebook, Apple y Amazon, entre otros, han creado cientos de miles de millones de dólares de valor para sus accionistas mediante la creación de nuevas categorías de productos, ecosistemas e incluso industrias. Nuevas plataformas aprovechan la tecnología para crear mercados que se enfrentan a la crisis de empleo juntando, de formas nuevas e insospechadas, máquinas y hombres:

- Los mercados de eBay y Amazon estimularon a más de 600.000 personas a ganarse la vida imaginando productos nuevos, mejorados, o simplemente diferentes o más baratos para una base mundial de clientes. La *Larga Cola* de nuevos productos ofrecía un valor enorme al consumidor y ha sido un segmento rápidamente creciente de la economía.

- La Tienda App de Apple o el Mercado Androide de Google facilitan a las personas con ideas sobre aplicaciones móviles, crearlas y distribuirlas.

- Threadless permite a la gente crear y vender diseños de camisetas. El Mechanical Turk de Amazon facilita encontrar mano de obra barata para hacer una impresionante variedad de tareas simples y bien definidas. Kickstarter invierte este modelo y ayuda a los diseñadores y artistas creativos a encontrar patrocinadores para sus proyectos.

- Heartland Robotics ofrece robots baratos que permiten a los pequeños empresarios crear rápidamente su propia fábrica altamente automatizada, reduciendo dramáticamente los costes y aumentando la flexibilidad en la fabricación.

En su conjunto, estas nuevas empresas crean directamente millones de nuevos empleos.[8] Algunas de ellas también crean plataformas para miles de empresarios distintos. Puede que ninguno de ellos jamás cree, por sí mismo, empresas de miles de millones de dólares, pero, en su conjunto, pueden hacer más para crear empleos y riqueza de lo que puede hacer la empresa de más éxito por sí sola.

Como señaló el gran teórico de los mercados Friedrich Hayek, algunos de los conocimientos más valiosos en una economía están dispersos entre la gente. Es

el conocimiento de las circunstancias particulares de tiempo y lugar... Conocer y poner en uso una máquina no utilizada plenamente, o dar un mejor uso a las cualificaciones de alguien, o ser conscientes de la existencia de un excedente en ciertos *stocks* que podemos utilizar durante una interrupción del suministro: todo ello es socialmente igual de útil que el conocimiento de técnicas mejores. El transportista que se gana la vida aprovechando barcos que solamente llevan media carga o vuelven vacíos, o el agente inmobiliario cuyo conocimiento consiste casi exclusivamente en estar al

---

[8] Vale la pena hacer notar que algunas empresas valiosas no necesitan crear empleos retribuidos para generar valor en la economía. Por ejemplo, Wikipedia prospera con un modelo que está en gran medida separado de la economía, pero, sin embargo, proporciona recompensas y añade valor. A juzgar por las preferencias reveladas de sus colaboradores, Wikipedia proporciona suficientes recompensas no monetarias para atraer a millones de colaboradores con talentos y experiencias diversas que crean un tremendo valor. Cuando pensamos en la economía en evolución, necesitamos recordar que la jerarquía de necesidades de Abraham Maslow se extiende más allá de las cosas materiales.

corriente de las oportunidades del momento o el arbitrajista que gana dinero aprovechándose de las diferencias de precios de ciertos productos básicos: todos realizan funciones eminentemente útiles basadas en el conocimiento especial de las circunstancias del momento fugaz que desconocen los demás.

Afortunadamente, las tecnologías digitales crean enormes oportunidades para que las personas usen sus conocimientos únicos y dispersos en beneficio de toda la economía. Como resultado, la tecnología permite que haya cada vez más oportunidades de lo que el economista jefe de Google, Hal Varian, denomina "micromultinacionales": empresas con menos de una docena de empleados que venden a clientes en todo el mundo y a menudo se apoyan en las redes mundiales de proveedores y colaboradores. Mientras que la multinacional típica del siglo xx constaba de un pequeño número de grandes empresas con enormes costes fijos y miles de empleados, el siglo que viene va a dar a luz a miles de pequeñas multinacionales con bajos costes fijos y un pequeño número de empleados cada una. Ambos modelos pueden concebiblemente emplear a un número total similar de personas, pero estas últimas suelen ser más flexibles.

¿Pero hay suficientes oportunidades para todos estos empresarios? ¿Nos estamos quedando sin innovaciones?

Cuando los negocios se basan en bits en vez de en átomos, entonces cada nuevo producto se agrega al conjunto de elementos de que dispone el empresario siguiente, sin por ello agotar el *stock* de ideas, y no como ocurre con los minerales o las tierras de cultivo que se agotan cuando se usan. Los nuevos negocios digitales suelen ser combinaciones o recombinaciones de los anteriores. Por ejemplo, un estudiante en una de nuestras clases en MIT creó una sencilla aplicación en Facebook para compartir fotos. Aunque no era un programador, en pocos días creó una aplicación robusta y de aspecto profesional usando cuatro herramientas básicas. En un año tenía más de un millón de usuarios. Esto fue posible porque su innovación aprovechó la base de usuarios de Facebook, que a su vez se aprovechó de la amplia World Wide Web, que a su vez se aprovechó de los protocolos de Internet, que a su vez se aprovechó de los ordenadores baratos resultado de la ley de Moore y de muchas otras innovaciones. Este estudiante no podría haber creado valor para sus millones de usuarios sin la existencia de estas invenciones previas. Dado que el proceso de innovación se basa a menudo en la combinación y recombinación de innovaciones anteriores, cuanto más amplio y profundo sea el acervo de ideas y de individuos disponibles, mayores serán las oportunidades de innovar.

No hay peligro de que nos quedemos sin nuevas combinaciones que probar. Aunque hoy se paralizase la tecnología, hay más posibilidades de configurar diferentes aplicaciones, máquinas, tareas y canales de distribución para crear nuevos procesos y productos que las que nunca podríamos agotar.

Aquí tenemos una demostración simple: supongamos que la gente en una pequeña empresa escribe las tareas que les corresponden –una tarea por tarjeta–. Si solo hubiera 52 tareas en la empresa, tantas como en una baraja de cartas, entonces tendríamos 52! diferentes maneras de organizar estas tareas.[9] Esta cifra es mucho mayor que el número de granos de arroz de las segundas 32 casillas de un tablero de ajedrez o incluso de un segundo o tercer tablero completo. La combinatoria es una de las pocas funciones matemáticas que supera la exponencial, y eso significa que la innovación combinatoria es la mejor manera de que el ingenio humano permanezca compitiendo en la carrera con la ley de Moore.

Puede que la mayoría de las combinaciones no sean mejores que las que ya tenemos, pero seguramente algunas sí lo serán y algunas serán incluso fabulosas y supondrán importantes mejoras. El truco es encontrar las que dan lugar a una diferencia positiva.

---

[9] 52! es una forma abreviada de escribir 52 x 51 x 50 x... x 2 x 1, producto que supera 8,06 x 10 (elevado a 67); es decir, aproximadamente el número de átomos de nuestra galaxia.

La experimentación en paralelo por parte de millones de empresarios es la manera mejor y más rápida de lograrlo. Como Thomas Edison dijo una vez cuando trataba de encontrar la combinación adecuada de materiales para fabricar una bombilla: "No he fallado. Acabo de encontrar 10.000 combinaciones que no funcionan." Multipliquemos eso por diez millones de empresarios y podemos empezar a ver el potencial de innovación de una economía. La mayor parte de este potencial permanece sin explotar.

A medida que la tecnología permite a más gente iniciar empresas a escala nacional o incluso mundial, habrá más personas en posición de obtener unas ganancias de superestrella. Mientras que un sistema económico que premia sobre todo al ganador puede dar lugar a unas recompensas enormemente desproporcionadas en un determinado mercado, la clave está en que no hay límite al número de mercados diferentes que se pueden crear. En principio, decenas de millones de personas podrían ser el número uno en decenas de millones de ámbitos distintos de creación de valor. Pensemos en ellos como microexpertos para macromercados. El experto en tecnología Thomas Malone llama a esto *la era de la hiperespecialización*. Las tecnologías digitales permiten ampliar esa experiencia para que todos nos beneficiemos de esos talentos y de su creatividad.

Inversión en capital humano

La tecnología avanza más rápidamente a medida que nos adentramos en la segunda mitad del tablero de ajedrez. Para mantener el ritmo, no solo necesitamos innovar en el terreno de las organizaciones, dirigidos por los empresarios, sino también seguir una segunda estrategia: invertir en el capital humano complementario –es decir, en educación y en proporcionar las cualificaciones laborales necesarias para aprovechar al máximo los rápidos avances tecnológicos–. Los empresarios inteligentes pueden inventar, e inventarán, formas de crear valor empleando trabajadores poco cualificados. Sin embargo, el mensaje que claramente está enviando el mercado es que resulta mucho más fácil crear valor con trabajadores bien formados.

Por desgracia, nuestro progreso educativo se ha paralizado y, como se explica en el capítulo 3, esto se refleja en el estancamiento de los salarios y en la oferta de menos puestos de trabajo. El trabajador mediano no consigue mantenerse al día para operar con las tecnologías de vanguardia. Los elevados costes y el bajo rendimiento de muchos sistemas educativos son síntomas clásicos de una baja productividad en este sector. A pesar de la importancia de la productividad para el nivel general de vida y la desproporcionada importancia de la educación para la productividad, se ha hecho muy poco trabajo sistemático para medir –por no hablar de mejorar– la productividad de la propia educación.

No es una coincidencia que el sector educativo también esté rezagado en la adopción de tecnologías de la información. Los métodos de enseñanza básicos, con un maestro enseñando a filas de estudiantes pasivos, han cambiado poco desde hace siglos. Como dice el conocido chiste, es un sistema para transmitir información de las notas del profesor a los apuntes del estudiante sin pasar por el cerebro ni de uno ni de otro. En muchas clases, la principal tecnología educativa es literalmente un pedazo de roca caliza blancuzca raspada sobre una gran pizarra negra.

Visto desde una óptica optimista resulta que tenemos un tremendo potencial para lograr mejoras en la educación. A medida que la educación está cada vez más digitalizada, los educadores pueden experimentar y buscar procedimientos alternativos, medir e identificar lo que funciona, compartir sus hallazgos y replicar los mejores enfoques en otros temas y geografías. Esto permitirá un ritmo más rápido de innovación que redundará en mejoras en la productividad educativa. También permitirá separar lo que es propiamente instrucción de su evaluación y certificación, lo cual facilitará que los sistemas educativos se basen más en proporcionar resultados medibles y genuinos que en la simple señal de que el estudiante ha pasado por una prueba de selección, ha realizado un esfuerzo y ha obtenido un título de una institución de prestigio.

Además, con el uso de la tecnología de la información, tanto el alcance como la personalización de la educación pueden incrementarse dramáticamente. Un buen ejemplo ha sido el curso *online* gratuito sobre inteligencia artificial de la Universidad de Stanford, que atrajo, al menos, a 58.000 estudiantes. El curso utilizó redes digitales para difundir los materiales del curso y realizar el seguimiento individualizado de todos los estudiantes, mejorando radicalmente la productividad de los profesores, reduciendo el coste del estudiante y, al menos en principio, proporcionando un producto de calidad que de otro modo sería inaccesible para la gran mayoría de los participantes en el curso. Durante más de una década, el MIT ha estado ofertando cursos similares, aunque con menos estudiantes, utilizando una combinación de tecnologías de la información y de la comunicación: el más relevante es su programa de Gestión y Diseño de Sistemas. Estudiantes que trabajan en empresas de todo el mundo utilizan una combinación de tecnologías de la información y de la comunicación para interactuar con profesores ubicados en el MIT y con profesores locales para cada grupo de estudiantes. Sobre estas experiencias se han basado los MOOC (Massive Open Online Courses.)

A nivel de enseñanza primaria y secundaria, la Academia Khan ofrece más de 2.600 vídeos educativos cortos y 144 módulos de autoevaluación gratuitos en la web. Los estudiantes pueden aprender a su propio ritmo, parando y reproduciendo vídeos cuando lo necesiten, ganando *condecoraciones* para demostrar su dominio de las diferentes habilidades y conocimientos, y trazando sus propios itinerarios curriculares a través de una creciente colección de módulos. Los estudiantes han registrado hasta el momento más de setenta millones de visitas a la Academia Khan. Una infraestructura creciente facilita a los padres o profesores realizar el seguimiento del progreso del estudiante.

Cada vez es más habitual utilizar las herramientas de la Academia Khan para dar la vuelta al modelo de aula tradicional, dejando a los estudiantes ver las video conferencias en casa a su propio ritmo y luego haciendo los ejercicios en clase con un maestro circulando entre ellos, para ayudar a cada estudiante individualmente según las dificultades concretas con las que tropieza, en lugar de ofrecer una clase de nivel único para todos los estudiantes simultáneamente.

La combinación de videoconferencias, programas informáticos y redes con tutores y maestros locales tiene una serie de ventajas potenciales. Los profesores superestrella pueden *replicarse* mediante la tecnología, dando a más estudiantes la oportunidad de aprender de ellos. Además, los estudiantes pueden aprender a su propio ritmo. Por ejemplo, los programas informáticos pueden identificar cuando los estudiantes están teniendo dificultades y necesitan más detalles, repeticiones o quizá un ritmo más lento, así como cuando están aprendiendo rápidamente el contenido y puede acelerarse su aprendizaje. Maestros locales, tutores y tutorías entre compañeros pueden incorporarse fácilmente al sistema para proporcionar algunos elementos que no ofrece la tecnología, como el apoyo emocional y una instrucción y evaluación menos estructuradas.

Por ejemplo, la escritura creativa, la enseñanza de las artes y otras habilidades de este tipo no siempre son susceptibles de aprenderse a distancia o mediante programas informáticos. Estamos de acuerdo con la visión del presidente de la Rhode Island School of Design, John Maeda, de que un cambio de STEM (de las siglas en inglés: ciencia, tecnología, ingeniería y matemáticas) a STEAM (añadiendo las artes a las siglas) constituye la mejor manera de impulsar la innovación. La tecnología y los sistemas educativos tienen que ser compatibles con esa visión.

En particular, la formación en aspectos más sociales, como el liderazgo, el trabajo en equipo y la creatividad serán cada vez más importantes. Son las áreas menos proclives a automatizarse y más demandadas en una economía dinámica y emprendedora. Por el contrario, los graduados universitarios que buscan el tipo tradicional de empleo, en el que alguien les dice lo que deben hacer cada día, se encontrarán cada vez más en competencia con las máquinas, que sobresalen en cumplir instrucciones detalladas.

Los límites a la innovación de las organizaciones y a la inversión en capital humano

Las nuevas oportunidades nos invitan a combinar capital digital, organizativo y humano para crear riqueza: tecnología, actividad empresarial y educación son una combinación extraordinariamente poderosa. Sin embargo, queremos hacer hincapié en que incluso esta combinación no puede resolver todos nuestros problemas.

Primero, no todo el mundo puede o debe ser un empresario, y no todo el mundo puede o debe pasarse dieciséis años o más estudiando. Segundo, existen límites al poder del empresariado para la creación de empleo. Un informe de 2011 efectuado para la Fundación Kauffman y elaborado por E. J. Reddy y Robert Litan encontró que, aunque el número total de nuevos negocios creados anualmente en los Estados Unidos se había mantenido en gran parte estable, el número total de personas empleadas por ellos en sus inicios había disminuido en los últimos años. Esto podría deberse a que la tecnología empresarial moderna permite a una empresa mantenerse pequeña en el inicio y continuar pequeña a medida que su facturación crece.

Tercero, y lo más importante, incluso cuando las personas están compitiendo en colaboración con las máquinas en vez de contra ellas, y tal como se describe en el capítulo 3, todavía hay ganadores y perdedores. Algunas personas, quizá incluso muchas, pueden continuar viendo como sus ingresos se estancan o se reducen y sus puestos de trabajo desaparecen mientras que continúa el crecimiento general.

Cuando un número significativo de personas ve caer sus niveles de vida a pesar de que el tamaño del pastel económico está en continuo crecimiento, el contrato social de una economía e incluso el tejido social de una sociedad se ven amenazados. Una respuesta instintiva consiste simplemente en redistribuir la renta a favor de quienes se han visto perjudicados. Aunque una redistribución mejora los costes materiales de la desigualdad, lo cual no es algo malo, no trata la raíz de los problemas. Por sí misma, la redistribución no hace nada para que los trabajadores desempleados sean otra vez productivos. Además, el valor que tiene que una persona trabaje es muy superior al dinero que gane. También hay un elemento psicológico de gran valor que casi todo el mundo da al hecho de hacer algo útil. Verse forzado a estar ocioso no es lo mismo que escoger el ocio de forma voluntaria. Franklin D. Roosevelt lo dijo de forma elocuente:

> Ningún país, independientemente de su riqueza, puede permitirse el derroche de sus recursos humanos. La desmoralización que causa un gran desempleo es el mayor despilfarro. Moralmente, es la mayor amenaza para el orden social.

Por tanto, vamos a centrar nuestras recomendaciones en la creación de vías para que todo el mundo contribuya productivamente a la economía. Mientras la tecnología siga avanzando con creciente rapidez, se puede ir ampliando la distancia entre lo que cambia rápidamente y lo que cambia de manera lenta. Las innovaciones organizativas e institucionales pueden recombinar capital humano con las máquinas para crear un crecimiento de la productividad de base amplia. Es aquí donde centramos nuestras recomendaciones.

Hacia un plan de acción

Tras diagnosticar la razón del estancamiento de las rentas medias, estamos en condiciones de ofrecer soluciones. Estas requieren acelerar la innovación de las organizaciones y la creación de capital humano para mantenerlas al mismo ritmo de avance de la tecnología. Con esta finalidad, hay por lo menos diecinueve propuestas concretas que podemos sugerir.

Educación

1. Invertir en educación. Como hacen muchos países, empezar simplemente pagando más a los maestros para atraer a esta profesión a un número mayor de los mejores y más brillantes.

Los maestros norteamericanos, por ejemplo, ganan un 40% menos que el graduado universitario medio. Los maestros son algunos de los más importantes creadores de riqueza. Aumentar la cantidad y calidad de los maestros proporciona una doble victoria al impulsar el crecimiento económico y reducir la desigualdad de la renta.

2. Hacer a los maestros responsables de sus resultados a través de, por ejemplo, la eliminación de las contratos permanentes y los nombramientos de funcionarios,. Esto sería parte de la negociación a cambio de las subidas salariales.

3. Separar lo que es propiamente instrucción del estudiante de los exámenes y de los títulos. Centrar la escolarización más en la obtención de resultados verificables y medibles y menos en propocionar meras señales de que el estudiante ha hecho esfuerzos suficientes o ha sido admitido en una escuela de prestigio.

4. Mantener en las aulas durante más horas a los estudiantes de primaria y secundaria. Una razón por la que los estudiantes estadounidenses están por detrás de sus competidores internacionales es simplemente porque reciben cerca de un mes menos de instrucción al año.

5. Aumentar la proporción de trabajadores cualificados estimulando la entrada de inmigrantes cualificados. Ofrecer la residencia a los estudiantes extranjeros cuando terminen sus estudios universitarios, especialmente en temas de ciencia e ingeniería en determinadas universidades. Los trabajadores cualificados suelen crear más valor cuando trabajan con otros trabajadores cualificados. Permitir que colaboren puede aumentar el crecimiento y la innovación en todo el mundo.

Emprendeduría

6. Enseñar la actividad empresarial como una especialidad no solo en las escuelas de negocios de élite, sino durante toda la educación superior. Fomentar una clase más amplia de empresarios de clase media y conocimientos tecnológicos medios educándolos en los fundamentos de la creación y gestión de empresas.

7. Impulsar la creación de empresas mediante una categoría especial de visados para emprendedores extranjeros, como los que existen en Canadá y en otros países.

8. Constituir centros de intercambio de información y bases de datos para facilitar la creación y difusión de los modelos de las nuevas empresas. Un conjunto de paquetes estandarizados para principiantes puede facilitar el camino de nuevos empresarios en muchos sectores económicos. Estos pueden ir desde las oportunidades de conseguir franquicias a *libros* de *recetas* digitales que proporcionen los elementos básicos de determinadas operaciones. La formación que se obtiene en el puesto de trabajo debería complementarse con una orientación de tipo empresarial a medida que la naturaleza del trabajo vaya evolucionando.

9. Reducir agresivamente los obstáculos administrativos a la creación de empresas. En demasiados sectores, se necesita la aprobación de múltiples organismos en distintos niveles administrativos. Demasiado a menudo, estos obstáculos tienen el objetivo implícito de proteger a los propietarios de las empresas existentes a expensas de las empresas nuevas y de sus empleados potenciales.

Inversión

10. Invertir para mejorar la infraestructura de transportes y de

comunicaciones del país. Esto proporciona ganancias de productividad al facilitar el movimiento y el intercambio de ideas, personas y tecnologías. También pondrá a mucha gente a trabajar directamente. No hay que ser un ferviente keynesiano para creer que el mejor momento para realizar estas inversiones es cuando hay un montón de recursos inutilizados en el mercado laboral.

11. Aumentar la financiación de la investigación básica y de las instituciones preeminentes de I+D (en Estados Unidos serían la National Science Foundation, The National Institutes of Health y la Defense Advanced Research Projects Agency), poniendo un gran énfasis en los activos intangibles y la innovación empresarial. Como otras formas de investigación básica, estas inversiones están insuficientemente financiadas por el sector privado debido a las externalidades que generan.

Leyes, regulación e impuestos

12. Mantener, y en determinados países aumentar, la flexibilidad de los mercados de trabajo oponiéndose a los intentos de regular la contratación y el despido. Dificultar los despidos puede, paradójicamente, reducir el empleo al hacer que las empresas corran unos enormes riesgos cada vez que contratan, especialmente si están experimentando con nuevos productos o modelos de negocio.

13. Hacer comparativamente más atractivo contratar a una persona que adquirir más tecnología. Esto puede hacerse, entre otras formas, disminuyendo las cargas de la seguridad social y concediendo subsidios o exenciones de impuestos por dar empleo a personas que han estado sin trabajo durante mucho tiempo. Aumentando los impuestos medioambientales se puede compensar con creces la reducción de los impuestos que gravan el trabajo.

14. Separar algunos derechos relacionados con el puesto de trabajo para aumentar la flexibilidad y el dinamismo del mercado. Vincular la indemnización por despido al tiempo que se ha estado en el último puesto de trabajo dificulta el cambio de empleo o el inicio de negocios. Por ejemplo, muchos emprendedores se han visto obstaculizados por la necesidad de contratar un seguro sanitario. Dinamarca y los Países Bajos han abierto el camino el sentido de llevar a cabo esta desvinculación entre los derechos y el puesto de trabajo.

15. No apresurarse en regular nuevos negocios de red. Algunos observadores consideran que los negocios de *crowdsourcing*, o de colaboración por Internet como el Mechanical Turk de Amazon, explotan a sus miembros y, por tanto, estos deberían estar mejor protegidos. Sin embargo, especialmente cuando de forma experimental están empezando este tipo de ideas, debiera darse la máxima libertad para innovar y experimentar a quienes desarrollan estas plataformas innovadoras, y las decisiones libres de sus miembros de participar debieran respetarse y no impedirse.

16. Eliminar o reducir los cuantiosos subsidios a los préstamos hipotecarios para la adquisición de viviendas. En Estados Unidos cuestan más de 130.000 millones de dólares anuales, que harían mucho más por el crecimiento si se asignaran a la investigación o la educación, y en otros países han contribuido a la burbuja inmobiliaria. Aunque la propiedad de la vivienda tiene aspectos loables, es probable que reduzca la movilidad laboral y la flexibilidad económica, lo cual entra en conflicto con la creciente necesidad de una mayor flexibilidad de la economía.

17. Reducir los grandes subsidios implícitos y explícitos a los servicios financieros. Este sector atrae a un número desproporcionado de las mentes más brillantes y de las tecnologías de punta, en parte porque el Estado garantiza en la práctica

la continuidad de unas instituciones "que son demasiado grandes para dejarlas quebrar", con lo cual fomenta que tomen enormes riesgos, que son beneficios para ellos si todo sale bien, pero cuyos costes recaen sobre el contribuyente en caso contrario.

18. Reformar el sistema de patentes. No solo se tardan años en autorizar patentes buenas debido a la acumulación de solicitudes y la escasez de examinadores cualificados, sino que se autorizan demasiadas patentes de baja calidad, lo que atasca los tribunales de justicia. Como resultado, los secuestradores de patentes (*patent trolls*) están frenando la innovación en vez de fomentarla.

19. Acortar, en lugar de alargar, los periodos de protección de la propiedad intelectual y aumentar la flexibilidad de uso justo. La propiedad intelectual abarca demasiado contenido digital. En lugar de fomentar la innovación, las excesivas restricciones, como el Sonny Bono Copyright Term Extension Act inhiben la mezcla de contenidos y el uso creativo de nuevos medios.

Estas sugerencias son solo la punta del iceberg de una transformación más amplia que es necesario que apoyemos, no solo para mitigar el desempleo tecnológico y la desigualdad, sino también para poner en uso el potencial que tienen las nuevas tecnologías para hacer crecer la economía y crear un valor de base amplia. No estamos proponiendo un plan completo para la economía futura –esa tarea es intrínsecamente imposible–. Simplemente queremos iniciar un diálogo. Este será fructífero si diagnosticamos con precisión el desajuste existente entre unas tecnologías que crecen aceleradamente y unas organizaciones y cualificaciones laborales estancadas. Las economías con éxito del siglo xxi serán aquellas que desarrollen las mejores maneras de promover la innovación de las organizaciones y el desarrollo de las habilidades nuevas: por eso invitamos a nuestros lectores a que contribuyan a este propósito.

5

Conclusión: La frontera digital

La tecnología es un don de Dios. Después del don de la vida es
quizá el mayor de los dones que nos ha dado Dios. Es la madre de las
civilizaciones, de las artes y de las ciencias.
Freeman Disson, 1988

En este libro nos hemos centrado en cómo nuestras tecnologías digitales, cada vez más poderosas, afectan a las cualificaciones de los trabajadores, los puestos de trabajo y la demanda de empleo humano. Hemos resaltado que los ordenadores están invadiendo rápidamente ámbitos que solían ser el dominio únicamente de las personas, como el de la comunicación compleja o el reconocimiento de estructuras complejas. Y hemos explicado cómo esta invasión puede hacer que las empresas usen más ordenadores y menos personas en un conjunto creciente de tareas.

Este fenómeno es, sin duda, motivo de preocupación porque creemos que un síntoma de una economía sana es su capacidad para proporcionar empleo a todas las personas que quieran trabajar. Como hemos visto, existen razones para creer que ordenadores cada vez más potentes están sustituyendo habilidades que hasta ahora habríamos calificado como exclusivamente humanas y frenando el crecimiento de las rentas medianas y el crecimiento del empleo en muchos países desarrollados. A medida que nos adentramos más en la segunda mitad del tablero de ajedrez –en el periodo en el que aumentos exponenciales continuos en la potencia de los ordenadores producen resultados asombrosos– crecerá también el malestar económico.

Hemos documentado nuestras preocupaciones y sugerido una serie de medidas para hacerles frente. Sin embargo, evidentemente, no somos pesimistas con respecto de la tecnología y su impacto. En realidad, este iba a ser originalmente un libro sobre todos los avances que las modernas tecnologías digitales han dado al mundo. Planeábamos llamarlo *La frontera digital,* ya que la impresión que continuamos teniendo es la de que existe una cantidad enorme de territorio por explorar que surge como consecuencia del progreso tecnológico y de la innovación.

Recibimos esta impresión por primera vez cuando estábamos investigando el impacto de la tecnología digital sobre la competencia en todos los sectores económicos de Estados Unidos. Encontramos que cuanta más tecnología había adoptado un sector, más intensa era la competencia. En particular, las diferencias de resultados se hacían mayores. Por ejemplo, la diferencia en el margen de beneficios entre la empresa que tenía el mayor y la que tenía el menor se acrecentaba. Esta constatación suponía que ciertas empresas –las de mejor resultado– estaban muy por delante del resto en la exploración y explotación de nuevos modelos empresariales favorecidos por las nuevas tecnologías. Estaban trabajando en la frontera digital, abriendo nuevos territorios en los que otros acabarían asentándose.

Animados por estas observaciones, comenzamos a coleccionar ejemplos de innovadores digitales y prácticas de vanguardia y reunimos un grupo de estudiantes y colegas para pensar e investigar con nosotros. Nos llamábamos el "Equipo de la frontera digital".

Con este libro, sin embargo, cambiamos de rumbo porque, cuanto más investigábamos, más nos convencíamos de dos cosas. Primera, que el impacto de la tecnología sobre los puestos de trabajo era especialmente importante. La Gran Recesión y el creciente ritmo del progreso técnico se han combinado para hacer del empleo un problema crítico en un momento como este que es difícil para muchas personas. Cuando pensamos en alguien que intenta adquirir las cualificaciones necesarias para entrar o volver a entrar ahora en la fuerza laboral, nos acordamos de la antigua maldición china: "Te deseo que vivas en tiempos interesantes".[10]

Segunda, vimos que muy pocas personas se estaban ocupando de los problemas que planteamos aquí. Cuando se discuten los problemas del empleo y del paro, se presta muchísima atención a cuestiones como la debilidad de la demanda, la externalización y la movilidad del trabajo, pero relativamente poca al papel de la tecnología. Creímos que esta era una omisión seria y quisimos corregirla. Queríamos demostrar lo mucho y lo muy rápidamente que ha avanzado la tecnología recientemente y resaltar la necesidad de que los análisis y las políticas actuales cambien para adaptarse a ese avance.

Sin embargo, después incluso de escribir este libro, todavía creemos firmemente en la promesa de la frontera digital. La tecnología ha abierto ya una enorme cantidad de nuevos territorios de una enorme riqueza y continuará haciéndolo. En todo el mundo, las economías, las sociedades y las vidas de las personas se han visto mejoradas por los servicios digitales y los productos de alta tecnología; esta tendencia, afortunadamente, continuará y probablemente se acelerará.

Así pues, queremos concluir este libro con una ojeada de la emergente frontera digital –una breve mirada a algunas ventajas proporcionados por la revolución en curso de los ordenadores. Estas ventajas se deben a las mejoras constantes resumidas por la ley de Moore y discutidas anteriormente en el capítulo 2 y también a las características de la propia información.

---

[10] Traduccción literal de "You may live interesting times". En realidad, se refiere a tiempos de inseguridad y peligro.

Un mundo de ventajas

La información no se agota siquiera cuando se consume. Si Erik se come algo, no se lo puede comer Andy, pero Erik puede perfectamente pasar un libro a Andy una vez lo haya terminado de leer, y el valor del libro, a menos que Erik haya vertido café en él, no se ve disminuido en modo alguno porque lo haya leído Erik. En realidad, probablemente sea más valioso para Andy una vez que lo haya leído Erik, porque entonces ambos conocen su contenido y pueden usar esta información para generar, en colaboración, nuevas ideas.

Cuando un libro u otro medio de información se digitaliza, se abren todavía más posibilidades. Puede copiarse infinita y perfectamente y distribuirse por todo el mundo instantáneamente y sin coste adicional. Esto no es como la economía de bienes y servicios tradicionales, que son el centro principal de atención de los textos de economía usuales. Puede ser una pesadilla para los propietarios de derechos de autor, pero es magnífico para la mayoría de la gente. Nosotros dos, por ejemplo, queremos que el mayor número de personas posible consigan una copia electrónica de este libro tan pronto como puedan, una vez que acabemos de escribirlo. Gracias a Internet y a los libros electrónicos, podemos ver realizada esta visión. En el mundo previo de libros solo de papel, la publicación y distribución podía tardar un año y las ventas estarían limitadas por la disponibilidad física de ejemplares del libro. La frontera digital ha eliminado esta limitación y abreviado los plazos.

La economía de la información digital, en resumen, es, no la economía de la escasez, sino de la abundancia. Este es un cambio fundamental y básicamente beneficioso. Para poner solo un ejemplo, Internet es ahora el principal depósito de información que ha existido nunca en la historia de la humanidad. Es, además, una red de distribución mundial barata, eficiente y rápida de toda esa información. Finalmente, es abierta y accesible de forma que un número creciente de personas puede acceder a todas sus ideas y contribuir con las propias.

Esto es incalculablemente valioso y causa de un gran optimismo, aunque algunas cosas parezcan desoladoras ahora mismo, pues los ordenadores son máquinas que ayudan a trabajar con las ideas, y la economía funciona a base de ideas. Como dice el economista Paul Romer:

> Cada generación ha descubierto los límites al crecimiento que plantearía el carácter finito de los recursos y demás efectos colaterales indeseables si no se descubrieran nuevas... ideas. De manera sistemática, somos incapaces de percibir la cantidad de ideas que quedan por descubrir... Las posibilidades no solo suman: se multiplican.

Podría parecer como si, actualmente, estuviéramos escasos de grandes ideas nuevas, pero esto, casi con toda seguridad, es una ilusión. Como señala David Leonhard, cuando el entonces presidente Bill Clinton reunió a las mejores mentes de Estados Unidos para discutir la economía en 1992, nadie mencionó Internet.

Romer también subraya que "quizá las ideas más importantes de todas son las metaideas, es decir, las ideas sobre cómo estimular la producción y transmisión de otras ideas." La frontera digital es, precisamente, una metaidea. Genera más ideas y las comparte mejor que ninguna otra cosa con la que nos hayamos encontrado nunca. Así pues, o bien una enorme cantidad de las ideas básicas sobre economía y crecimiento son falsas, o bien una cosecha extraordinaria de importantes innovaciones crecerá en esta frontera. Nosotros apostamos por esta última posibilidad.

A un nivel menos abstracto y más personal, la frontera digital está mejorando también nuestras vidas. Si usted tiene hoy Internet y un aparato para conectarse, es barato y fácil mantenerse en contacto con la gente que significa algo para usted –sus familiares y amigos– aunque ellos y usted estén moviéndose de un sitio para otro. Puede utilizar recursos como Skype, Facebook y Twitter para enviar mensajes, hacer llamadas de voz y de video, compartir fotos y dar a conocer a todo el mundo lo que está haciendo y cómo lo está haciendo. Como le dirá cualquier abuelo o cualquier amante, estas posibilidades no son triviales, pero sí que no tienen precio.

Muchos de nosotros usamos ahora estos recursos con tanta frecuencia que los damos por descontados, pero tienen una antigüedad de menos de diez años. La frontera digital de 2000 fue ya amplia, pero se ha hecho inconmensurablemente mayor durante la pasada década, y al hacerlo así ha enriquecido nuestras vidas.

Vemos este mismo fenómeno donde quiera que miremos. El mundo en desarrollo, por ejemplo, se ha visto transformado por los teléfonos móviles. En los países ricos olvidamos hace mucho tiempo lo que significa tener que vivir aislados, no tener un modo fácil de comunicarnos más lejos de lo que pueden alcanzar nuestras voces y nuestros cuerpos. Sin embargo, este aislamiento fue la triste realidad para miles de millones de personas de todo el mundo hasta que llegó el teléfono móvil.

Cuando esto sucedió, los resultados fueron impresionantes. Un estudio estupendo del economista Robert Jensen encontró, por ejemplo, que tan pronto como se dispuso de teléfonos móviles en las regiones pesqueras de Kerala, India, el precio de las sardinas cayó y se estabilizó, pero los beneficios de los pescadores realmente subieron. Esto ocurrió porque estos, por primera vez, tuvieron acceso a información en tiempo real de la demanda y de los precios de los mercados en tierra, que usaban para tomar decisiones que eliminaban completamente los excesos de oferta y de demanda. Resultados como estos ayudan a explicar por qué había más de 3.800 millones de abonados al teléfono móvil en el mundo en desarrollo a finales de 2010 y por qué la revista *The Economist* escribió: "Su extensión en los países pobres está no solo reestructurando el sector de la telefonía, sino cambiando el mundo".

A medida que las tecnologías digitales aumentan la eficiencia de mercados y empresas, nos benefician a todos como consumidores. Al tiempo que aumentan la transparencia y la rendición de cuentas de los gobiernos y nos dan nuevas formas de encontrarnos y de hacernos escuchar, nos benefician como ciudadanos. Y cuando nos ponen en contacto con ideas, conocimientos, amigos y seres queridos, nos benefician como seres humanos.

Así pues, cuando observamos la apertura de la frontera digital, nos sentimos tremendamente optimistas. La historia ha presenciado tres revoluciones industriales, cada una de ellas asociada con una tecnología polivalente. La primera, accionada por vapor, cambió tanto el mundo que, según el historiador Ian Morris, "parecía una burla de lo que había ocurrido antes". Permitió aumentos enormes y sin precedentes de la población, el desarrollo social y los niveles de vida. La segunda, basada en la electricidad, permitió que estas tendencias beneficiosas continuaran y condujo a una fuerte aceleración de la productividad en el siglo XX. En cada caso, hubo problemas y crisis, pero, al final, la mayoría de la humanidad quedó en mejor situación que antes.

La tercera revolución industrial, que se está gestando ahora, está impulsada por los ordenadores y por las redes. Como las dos anteriores, llevará décadas para que cumpla plenamente su papel, y, como cada una de ellas, conducirá a cambios profundos en la senda del desarrollo y en la historia de la humanidad. Los contratiempos y las crisis no siempre serán fáciles de afrontar. Sin embargo, estamos seguros de que la mayoría de estos cambios serán beneficiosos y que nosotros y nuestro mundo prosperaremos en la frontera digital.

6

Agradecimientos

Durante bastante tiempo hemos estado hablando con mucha gente sobre las ideas de este libro. Encontramos un fantástico grupo de colegas en el equipo de *Digital Frontier*, un grupo de estudiantes e investigadores del MIT que ofrecieron su tiempo a lo largo de un año para hablar con nosotros, buscar hechos, cifras y ejemplos e intercambiar ideas sobre lo que sucedía entre la tecnología y la economía. Los miembros del equipo incluían a Whitney Braunstein, Claire Calmejane, Greg Gimpel, Li Tong, Liron Wand, George Westerman y Lynn Wu. A todos ellos, les estamos muy agradecidos. Además, Mona Masghati y Maya Bustan ayudaron mucho a Andy con su investigación, y Heekyung Kim y Jonathan Sidi hicieron lo mismo con Erik. Estamos muy agradecidos por las conversaciones sobre tecnología y empleo que tuvimos con nuestros colegas del MIT, como Daron Acemoglu, David Autor, Frank Levy, Tod Loofbourrow, Thomas Malone, Stuart Madnick, Wanda Orlikowski, Michael Schrage, Peter Weill y Irving Wladawsky-Berger. Además, Rob Atkinson, Yannis Bakos, Susanto Basu, Menzie Chinn, Robert Gordon, Lorin Hitt, Rob Huckman, Michael Mandel, Dan Snow, Zeynep Ton y Marshall van Alstyne han sido muy generosos con sus ideas. También nos beneficiamos mucho hablando con gente en la industria que está haciendo y usando tecnologías increíbles, incluyendo a Rod Brooks, Paul Hofmann, Ray Kurzweil, Ike Nassi y Hal Varian.

Hemos presentado algunas ideas aquí contenidas en diversos seminarios del MIT, Harvard Business School, Northwestern, NYU, UC/Irvine, Annenberg School de USC, SAP, McKinsey y la Information Technology and Innovation Foundation. También presentamos trabajos relacionados en conferencias, tales como la WISE, ICIS, Techonomy y el Festival de Ideas de Aspen. En cada una de estas conferencias, hemos recibido opiniones de un valor incalculable. Lo más importante que aprendimos es que el asunto de la influencia de la tecnología sobre el empleo despierta inmediatamente el interés de la gente, por lo que ajustamos nuestra forma de investigar y de escribir. David Kirkpatrick, el organizador de Techonomy, ha estado especialmente dispuesto a mantener una conversación de alto nivel sobre ordenadores, robots y puestos de trabajo. Impusimos a un pequeño grupo de personas la lectura de los primeros borradores del manuscrito. Martha Pavlakis, Anna Ivey, George Westerman, David McAfee, Nancy Haller, Carol Franco y Jeff Kehoe accedieron a ello y afilaron nuestras ideas y nuestra prosa. Andrea y Dana Meyer de Working Knowledge, lo afinaron y Jody Berman realizó una impecable edición y corrección de textos. Estamos agradecidos a Greg Leutenberg por su diseño de la cubierta.

El MIT Center for Digital Business (CDB) ha sido el hogar ideal desde el que llevar a cabo este trabajo y estamos particularmente agradecidos a nuestro colega David Verrill, director ejecutivo del CDB. David hace que el lugar funcione maravillosamente y será la última persona en ser sustituida por una máquina.

No reivindicamos la propiedad exclusiva de prácticamente ninguna de las ideas presentadas aquí, pero queremos subrayar que todos los errores son 100% nuestros.

Autores

Erik Brynjolfsson es catedrático de la Sloan School of Management, del MIT, director del MIT Center for Digital Business, presidente de la Sloan Management Review, investigador del National Bureau of Economic Research y coautor de *Wired for Innovation: How IT Is Reshaping the Economy*. Se doctoró en la Universidad de Harvard y el MIT.

Andrew McAfee es investigador principal en el MIT Center for Digital Business en la Sloan School of Management. Es autor de *Enterprise 2.0: New Collaborative Tools for Your Organization's Toughest Challenges*. Se doctoró en el MIT y en la Universidad de Harvard.